라오스의 문화와 경제

장태구 · 곽구영 공저

대구대학교출판부

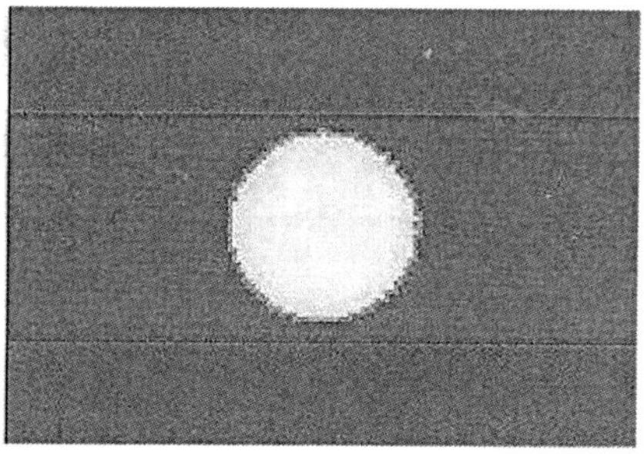 

라오스의 국기와 국화 참파꽃

(흰색, 붉은색이 있고 향기가 좋다. 꽃술은 보이지 않는다)

방비앙의 물놀이 - 수 많은 외국 배낭족들은

이곳을 필수적으로 찾아 여유롭게 물놀이를 한다.

란상호텔의 민속무용(저녁 6시30부터 매일 공연된다)

주한 라오스문화원이 2004년 대구에 처음 개설되어 운영되고 있다.

(http://cafe.daum.net/laocul)

2007년 준공한 생쾅주 초등학교 방문길

2009년 국제관광박람회 참가

머리말

라오스에 대해서는 이제까지 한국에서 몇 편의 논문이 있을 뿐이며 라오스 회화에 관련된 책은 두란노에서 출판된 책이 있다. 그리고 한국어-라오어 사전도 발간된 바 있으나 모두 다 기독교 선교용을 만든 것이라 국내서점에서 찾아보기 어렵다.

이 저서는 한국에서 처음 소개되는 라오스 문화와 경제 일반에 관한 책이다. 특히 저자는 2004년부터 라오스 문화원 설립 및 운영에 관여해 오면서 많은 자료를 수집하고, 라오스에 관한 홍보활동을 하면서 수차례에 걸쳐서 현지방문을 통하여 자료를 수집하였다. 본 연구서의 출판을 대구대학교출판부에서 흔쾌히 허락을 해주어 다행하게 생각하며 감사드린다.

라오스는 1960년대와 70년대 초 베트남전쟁을 통하여 우리에게 약간씩 알려지기 시작한 나라이다. 파텟라오라는 공산군이 베트남과 협조하여 호치민루트를 통하여 전투에 투입되고 있다는 소식을 접한 것이 거의 전부일 만큼 우리에게는 생소한 국가였다. 한국과는 공사인(현지명 '막냉')한약재 거래를 통하여 교역이 시작되었으나, 그것도 1990년대 초에 이르러서 동구권이 붕괴됨으로써 가능하였다. 라오스는 인도차이나 반도에서 바다를 가지지 않은 내륙국이기 때문에 그만큼 외부세계와 단절된 시간이 길었다고 볼 수 있으며, 한국과는 1995년에 대사급 수교를 하였고, 2001년에 서울 한남동에 대사관을 개설하였다.

본 저서는 총 6부로 구성되어 있다. 1부 서론, 2부 라오스 역사와 경제발전을 기술하였고, 3부 라오스의 민속과 문학에서는 라오스의 신화와 전설, 우화 그리고 민담 등을 소개하며, 역사적으로 한국과의 관련성에 대한 연구를 소개하였다. 4부에서는 라오스 문화와 예술을 서술하면서 그 나라의 음악과 음식, 그리고 의상문화를 소개하였다. 음식부분에서는 레시피를 소개하였으므로, 직접 요리를 시도해봄 직하다. 6부에서는 라오스의 현대문학을 소개하였다. 여기에는 주로 1975년 독립을 전후로 한 라오스의 현대 단편작가와 라오스 사회적 가치의 경향을 보여주는 작품을 소개하였다. 영문으로 된 이 단편들의 번역을 담당해 주신 서세창씨에게 감사드린다.

마지막으로 6부에서는 라오스의 언어 체계와 생활회화를 수록하였고 추가로 간단한 단어집을 만들어 두었으므로, 라오스어를 공부하거나 여행에 필요한 손쉬운 자료가 될 줄 믿는다. 앞으로 보다 많은 분들이 라오스에 대하여 연구하고 논문과 저서 그리고 예술작품이 나오기를 기대한다.

2012년 저자

차 례

제I부 서론

제II부 라오스 역사와 경제발전

제III부 라오스의 민속과 문학

제IV부 라오스의 문화와 예술

제V부 라오스의 현대문학

제VI부 라오스 문자와 생활회화

제I부 서론

1. 라오스 국가 개요

가. 지리

라오스[1)]는 인도차이나 반도의 가장 중심부에 위치하고 있으며, 중국, 베트남, 캄보디아, 태국, 미얀마 등 5개국으로 둘러싸인 내륙국으로서 바다가 없다. 수도는 비엔티안(Vientien-프랑스 식민지 시대에 붙여진 표기법이며 라오스 발음으로는 위앙짠이 가장 정확하다)이다. 16개주, 1개 특별시, 2개 경제특구로 구성된다. 남부에는 참파삭, 아타포, 살라반, 세콩 등 4개주가 있으며, 중부에는 사반나켓, 캄므앙, 보리캄싸이, 비엔티안, 싸야보리, 루앙프라방 등 6개주가 있다. 북부에는 보케오, 루앙남타, 퐁살리, 생쾅, 후아판, 우돔싸이 등 6개주가 있다. (18:00N, 105:00E) 면적은 236,800km^{2}로 한반도 전체의 110%의 크기이다.

1) 라오스(Laos)는 다수의 Lao 족이라는 뜻으로 서양인들이 Lao에다가 복수형 s를 붙인 때문이다.

기후는 열대몬순기후로 우기(5월-11월)와 건기(12월-4월)로 나눈다. 국토의 대부분은 산지이며 약간의 평야와 고원지대(plateaus)로 형성되어 있다. 가장 높은 산은 푸비아(Phu Bia) 산으로 해발 2,817m이다.[2)]

표준시간은 우리나라보다 2시간이 늦다. 프랑스로부터는 1949년 7월 19일 독립하였으나, 왕정파와 중립파 간의 투쟁으로 통일이 지연되었으며, 공산당에 의한 최종 국가형성은 1975년 12월 2일이다. 민법체계는 프랑스 제도를 많이 따르고 있다.

인구는 6,477,211명, 수도는 비엔티안으로 인구 799,000(2009년)명을 기록한다. 종족은 라오족이 대부분을 차지하고 있다. 유아사망율이 높아 인구증가율은 1.684% (2011년 추정)에 그치고 있다. 인구의 도시집중율은 33%(2010)로 해마다 4.9% 증가율을 보이고 있다. 평균수명은 62.39세로 남성 60.5세, 여성 64.36세이다.[3)] 불교를 국교로 지정하고 있으며 기독교 선교는 금지되어 있다. 라오스 남자들은 누구나 평생에 3개월은 사원에서 의무적으로 교육을 받도록 되어 있다.

---

2) World Factbook, 미국 CIA. 2011
3) World Fact Book 2011

탁밧한 아침공양을 하는 스님들

라오스는 메콩강을 가장 많이 포함하는 국가로서 수력발전과 자원이 풍부하다. 한국처럼 북부와 동부는 산악지대로 구성되어 있다. 메콩강(Mekong: 메는 어머니, 콩은 크다는 뜻이다.)은 세계에서 12번째로 긴 강으로 길이는 약 4,220km이고, 중국 칭하이(青海)성 티베트 고원의 해발 4,900m에서 발원하여 전체 길이의 약 1/4을 차지하는 상류는 길고 좁은 골짜기들을 깊이 형성하며 윈난성[雲南省] 고지대를 가로질러 남쪽으로 향한다.

라오스와 타이의 국경, 미얀마와 라오스의 국경 일부를 흐르는 메콩강은, 라오스·캄보디아·베트남을 거친 뒤 베트남 호치민 시(옛 이름은 사이공) 남쪽 넓은 삼각주에서 남중국해로 흘러 들어간다.(라오스를 통과하는 메콩강의 총길이는 1,898km이며 주변 나라 중에서 메콩강을 가장 많이 차지하고 있다.)

북부 지방은 산간 지역, 중/남부 지방은 평원으로 형성되었다. 비엔티안에는 특별시(수도)와 싸이솜분 특구가 있고, 남부 사반나켓에는 경제특구가 있다. 우리나라와 지형이 비슷해서 남북으로 길게 늘어져 있으며, 북쪽과 동쪽에는 높은 산으로 형성되어 있다.

라오스는 2,550년의 역사를 가진 것으로 말한다. 그것은 그들만의 달력 역법으로 이를 말해주고 있으며, 2010년은 라오스의 수도 비엔티안이 수도로 정해진 450년이 되는 해이기도 하다.

나. 라오스 역사의 기원

라오스에서는 석기유적이 발견되고 있으며, 고대 인류가 살았던 것으로 추측할 수 있다. 그러나 역사책이 없고 야자나무 잎에 써 둔 불교와 관련된 이야기에서 왕조와 백성의 이야기가 전해오고 있을 뿐이다. 그리고 중국의 사료에도 나타나지 않아 고대에는 어떻게 살았는지 추측할 따름이다. 다만, 라오스의 소수민족 전설을 통하여 중국 운남성 북부 산악지대에서 이동하여 왔다는 것을 짐작할 수 있다.

흥미로운 것은 라오스 창조의 신이자 절대자는 탄쿤(Than Khun-단군이라고도 읽을 수 있다.)이라는 사실이다. 또한 중국의 사서를 통해 추측하면 서기 668년 고구려가 멸망하고 유민 20만명이 중국으로 끌려갔는데, 그 유민들이 운남성과 티벳 국경 근처로 이동하였으며, 점차 남쪽으로 이동하여 온 것으로 추측하기도 한다.

나중에 별도로 서술하겠지만, 라오스어 중에는 한국어와 유사한 점이 매우 많이 나타난다. 소수민족의 분포는 라오(Lao)족이 55%, 크무(Khmou) 11%, 몽(Hmong) 기타 8%, 그 외 100개 정도의 소수민족이 26%를 차지한다. 종교는 불교 67%, 기독교 1.5%, 기타 종교 31.5%이다. 언어는 라오어가 공식 언어이며 그 외 프랑스어, 영어, 다양한 소수민족 언어가 존재한다. 25세 이상 문자 해독력은 73%이다. 초등학교 5년은 의무교육이며, 취학율은 75% 정도이다. 중등학교는 6년이며, 15% 정도의 진학율을 보인다. 대학진학율은 2%이다.

다. 정치, 경제, 그리고 외교

공식국가명은 라오 인민 민주주의 공화국(Lao People's Democratic Republic)이다. 공산당이 지배하는 사회주의를 채택하고 있다.[4)]

2011년 6월 제7대 국회 1차 정기회기 투표결과, '촘말리 사야손'대통령, '분냥 보라칫' 부통령, '통싱 탐마봉'총리, '빠니 야토뚜'를 국회의장으로 재선출(6.16)하였다. 또한 정부 개각을 통해 기존 14개 부처에 내무부, 과학기술부, 환경 · 천연자원부가 추가되어 총 17개 정부부처로 구성되었다.

메콩강은 유량의 변화가 심하고, 남쪽에는 시판돈(4천개의 섬이란 뜻) 급류와 폭포가 많아 항해에 어려움이 많다. 메콩 강 유역에는 독립된 왕조가 형성되었으나 크메르, 미얀마 같은 주변의 강대국들에게 여러 차례 침략을 받았다. 특히 약 68년에 걸친 프

---

4) Ibid.

랑스 식민지배와 파텟 라오(Pathet Lao)[5]에 의한 사회주의 공화국 설립은 라오스의 발전을 저해하고 국제사회에서 고립시키는 결과를 초래했다. 현재 이 나라는 사회주의 정치제도를 택하고 있으나, 경제부분에서는 거의 시장경제를 채택하고 있다. 또한 1990년대 이후 해외투자를 유치하며 개방 정책을 취하고 있다.

라오스는 UN이 지정한 세계10대 평생에 가보아야 할 곳으로 지정되기도 했다. 국민성이 순박하고 정직하며, 평화적인 방식으로 해결하는 전통이 깊이 뿌리내려 분열된 국가도 별다른 무력투쟁 없이 통합하였다.

한국과는 1948년에 처음 수교하였으나 1950년 한국전쟁으로 철수하였다가, 1995년에 수교가 다시 이루어졌으며, 2001년 통사밧 프라숫씨(Thongsabath Praseuth)가 초대 대사로 서울에 부임하였다. 2대 대사는 숙타원 깨올라(Soukthahvone Keola)이었으며, 2011년 10월 현재 3대 대사 캄라 사냐착(Khamla Xayachak) 대사가 부임하고 있다. 한국은 비엔티안에 대사관을 두고 있으며, 북한은 1974년에 수교하였다.

---

5) '파텟'은 국가라는 뜻이다.

라오스의 화폐단위는 낍(kip)이다.

위 사진은 1,000낍이고, 라오스의 대표적인 3개 종족(높은 지대 산족-라오숭, 중간 산족-라오텅, 그리고 평야지대 종족-라오룸을 표시하고 있다.)의 의상이다. 탓루앙 사원을 중심으로 오른쪽 위는 둥근 원 속에 있는 것은 라오스의 국가문장이다. 아래 사진은 50,000낍이다. 인물은 사회주의국가를 건설한 2대 대통령 카이손이다.(우리나라 돈 1,000원은 라오스에서는 8천낍 정도로 교환된다.)

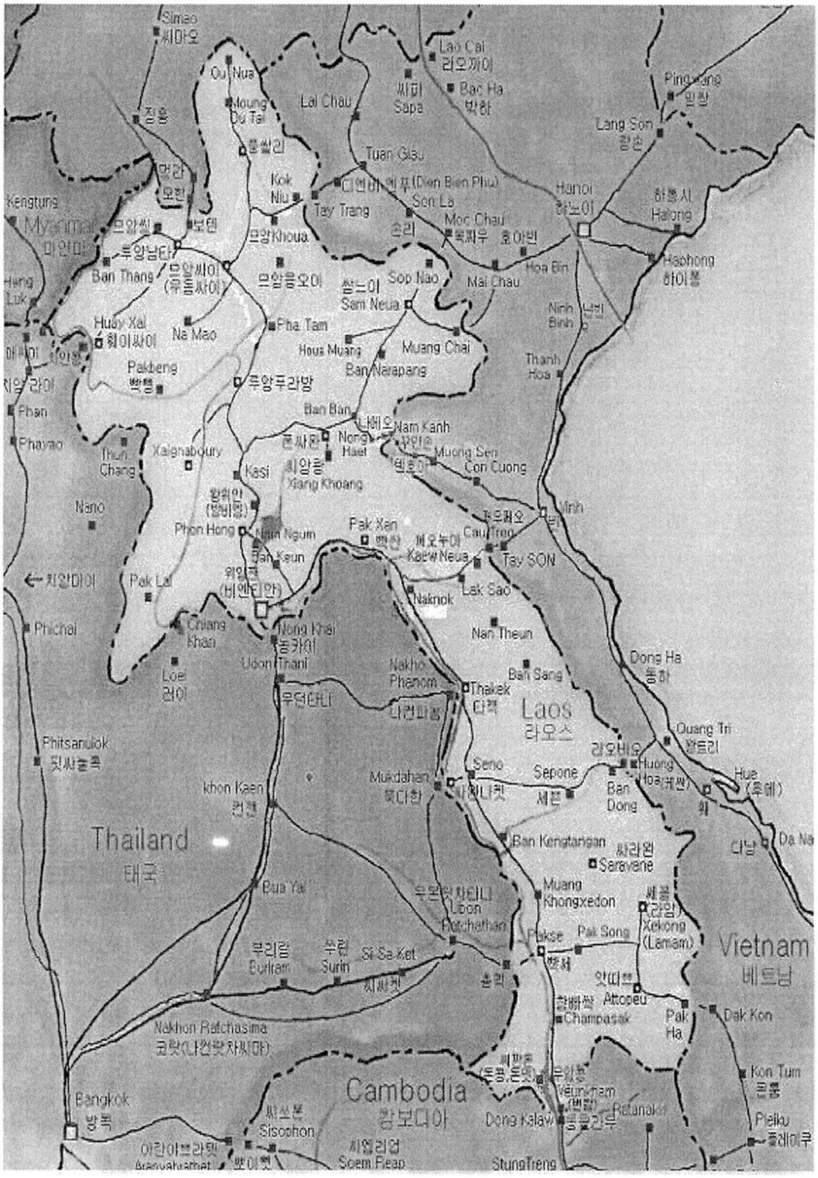

라오스 지도

닭 머리 모양으로 수도 비엔찬이 목쪽에 있다.

라. 관광

한국과는 개인의 경우 15일간 비자면제협정이 되어있어 비교적 편안한 마음으로 여행할 수 있다. 라오스의 중심 국제공항인 수도 와따이6) 공항에 내려서면, 도시가 조용하여 첫인상부터 이제 비로소 편안한 휴식의 나라에 온 느낌을 받는다. 라오스는 아직 현대적 공업이 발달하지 않아 자연보호가 비교적 잘되어 있는 곳이다. 따라서 자연과 더불어 순수하게 살아가는 지역 사람들의 삶 자체가 관광의 대상이 되고 있다. 이러한 인간의 순수함을 찾아 라오스를 여행하는 관광객은 매년 30%씩 증가하고 있다.

캄보디아의 앙코르왓이나 태국의 에메랄드 사원 같은 특별한 건축물이 없음에도 불구하고 이 나라의 관광객 방문이 꾸준히 증가하고 있는 것은 그만큼 역사적인 의미가 있는 곳이기 때문이다. 마치 로마의 원형이 그리스인 것과 마찬가지로 라오스에는 앙코르왓의 원형이라고 볼 수 있는 왓푸 사원이 남부 참파삭 주에 있다.

또한 이 지역에는 '메콩강의 분노'라고 내가 명명한 수 많은 폭포와, 강 한가운데 섬들이 장관인 시판돈(4천개의 섬)이 유명하다. 교통이 불편하여 수도 비엔티안에서 남쪽으로 비행기로 40분, 그리고 차량으로 4시간을 가야 도착할 수 있는 곳이긴 하지만, 이곳을 다녀온 사람들 모두가 꼭 가보아야 할 곳으로 손꼽고 있다. 남쪽 지방은 커피를 많이 생산한다. 커피농장 방문도 하나의 관광코스가 되고 있다.

---

6) 한국말로 왔다는 도착했다는 뜻으로 이해할 수 있다. 일본에서 건설하여 기부채납방식으로 운영하고 있다.

수도 비엔티안에는 탓루앙을 비롯하여 많은 사원들과 독립기념문, 그리고 왕궁 사원 등이 유명하다. 여기에서는 딸랏사우라는 아침시장을 중요 쇼핑상가로 손꼽고 있다. 2010년 전에는 전통목조 건물로 2층까지 귀금속, 비단, 전통공예품 등 다양한 라오스 특유의 물건을 파는 상가들이 밀집해 있었으나, 지금은 현대식 백화점으로 지은 4각형 빌딩으로 서양식 백화점을 본 따 무언가 라오스의 멋을 잃은 어색한 상가가 되고 말았다.

라오스의 대표적인 교통수단은 뚝뚝과 점보가 있다.
이것은 약간 큰 점보에 속한다.

중부 휴양지 방비앙의 경치

북쪽으로 60km 되는 지점에는 남굼 댐 인공호수 옆에 댄사반이라는 유명한 카지노가 있어 외국관광객을 끌고 있다. 이 호수 한 가운데는 공산화되기 이전의 자본주의 퇴폐에 물들었다고 지목된 죄수들이 수용된 수중 감옥 섬이 유명하다. 마치 빠삐용을 연상케하는 탈출 불가의 감옥이 샌프란시스코의 알카트레즈처럼 섬 안에 조성된 것이 이채롭다. 비엔티엔 북쪽 180km 지점에는 방비앙이라는 유명한 휴양지가 있다. 산맥의 봉우리가 봉긋봉긋하게 솟아나고 강물이 함께 흘러 서양 관광객들이 카약과 더불어 다이빙을 즐기는 곳이다.

라오스의 최고 관광지는 역시 고대수도 루앙프라방이라고 할 수 있다. 도시 전체가 유네스코 세계문화유산으로 등록될 만큼 왕궁과 왓시앙통을 비롯한 전통사원이 많고, 메콩강을 끼고 발달한 서양식 각종 게스트하우스도, 동서양이 어우러진 명품의 도시라고 할 수 있다. 여기서는 베트남의 하노이와, 중국의 쿤밍(昆明)시, 그리고 캄보디아의 앙코르왓이 있는 씨엠립으로 연결되는 항공로가 있어 동남아의 관광코스로 발달한 곳이기도 하다.

이 지역의 특산물로는 비단과 닥종이로 만든 공예품이다. 메콩강가 절벽에 자리 잡은 팍오동굴은 아기자기한 부처를 모신 곳인데 특히 수정과 금동으로 된 부처상은 예술적 가치가 높다. 광시폭포는 빠질 수 없는 여행코스에 속한다. 특히 이곳은 열대의 더위를 식혀줄 수 있는 물놀이 다이빙장이 허락된 곳이 있다. 나무에서부터 초록색 물의 계곡으로 알몸 차림으로 떨어지는 맛은 세계인들이 감탄해 마지않는 에덴의 정원이라고 할 수 있다.

계곡에 허용된 나무 다이빙대와 수영장

석회석의 퇴적으로 형성된 단식 자연호수

루앙프라방에서 베트남으로 가는 동쪽으로는 생쾅주와 후아판주가 있다. 생쾅의 주도 폰사반에는 고대 몇 천년 전에 만들어진 것인지 알 수 없는 돌단지 평원(Plain of Jar)이 있다. 전설에 의하면 타오창과 타오홍 임금이 먼 산까지 개 달리기 시합을 하여 승리자에게 축배를 권하던 곳이라고 하는데, 단지의 수가 크고 작은 것을 합하여 3곳에 수백 개가 넘는다. 이곳은 유네스코 문화유산으로 신청하였다.

가장 북동부 지역인 후아판은 삼느아가 중심도시이며, 공산혁명의 본거지로서 월남과 국경을 같이하고 있다. 여기서는 질 좋은 비단이 많이 생산되고 있는데, 독일은 이곳에 누에 생산을 위한 대단지 뽕나무 농장을 마련하고 있다. 사실상 라오스의 동북부지역은 월남북서부지역과 고대 국가 역사를 같이하는 곳이다.

제II부 라오스 역사와 경제발전

1. 라오스의 창조신화

라오스 고대에는 어떤 역사를 가지고 있었는지 전해오는 기록이 없고, 다만 전설과 영웅이야기 등 민담에서 구비전승 또는 야자 잎에 기록된 옛날 문헌을 통해서 고대 왕조들의 성립과 멸망을 전해오고 있다. 전설에 의하면, 태초에 커다란 박에서 쇠꼬챙이로 구멍을 뚫어 사람이 나오게 되었는데, 쇠꼬챙이를 너무 달구어서 나온 사람이 검은 사람이고, 다음에는 너무 덜 달구어서 나온 사람이 희고, 마지막으로 적당하게 달구어서 뚫어 나온 사람이 황인종이라는 것이다.

그리고 하늘에서 신이 푸녀와 야녀라는 노인부부를 파견하여 정글로 뒤덮힌 땅을 개간하도록 명령하였는데, 너무 힘이 들어 노인들은 죽을 때 모든 사람들이 자기의 이름을 불러주도록 하였고, 지금도 '녀'라는 말은 라오스에서 동사에 많이 쓰인다.[7] 그리고 쿤부롬 왕은 7명의 왕자를 두고 인도지나 반도 전체를 다

---

7) *ma nhoe*(오너라), *non nhoe*(잠자자), *kin nhoe*(먹자) 등

스렸다는 전설이 있다. 북부와 남부, 중부 지역에 형제들이 나누어 다스리는 이야기는 지금의 인도차이나 반도 전역에 걸친 왕국의 역사가 근본적으로 고대에 같은 친척 간의 나라들로 이해되고 있다. 라오스 사람들이 알고 있는 첫 번째 영웅은 쿤 불롬라자티랏(Khun Bulomrajathirat)이다.8)

그는 라오스 사람들을 번창하게 해준 하늘이 내려준 첫 인간의 임금이라고 여겨진다. 라오스의 두 번째 전설적인 영웅은 타오 훙, 타오 창인데 그는 돌로 만들어진 거대한 항아리들을 남겨놓은 사람으로 알려져 있다. 여러 종류의 크기인 이 돌 항아리들은 동북부 생쾅 지역 고원지대에 널리 펴져 있으며 관광지로 유명하고, 많은 고고학자들에게 연구과제로 남아있다.

이것은 대략 2,000년 정도 된 것으로 생각되며 라오스 사람들이 믿는 바에 의하면, 이 거대한 단지들은 크메르의 타오청 임금이 술을 담아먹던 단지라고 생각하고 있다. 타오 훙, 타오 청은 라오스 사람들 뿐 만 아니라 오늘날의 태국북부, 라오스, 월남, 미얀마 등, 동남아시아 많은 나라사람들에게도 영웅으로 여겨져 이야기로 꾸며지고 있다.

서기 1 세기경 반차앙(Ban Chiang: 지금의 태국 북부 우돈지역) 청동기문화가 중부 메콩강 지역에 발달하고 만다라(Mandala)로 기술되는 문화권을 형성하게 된다. 다수의 권력체계가 존재하던 이 당시 시코타봉(Sikhotabong: 타캑지역) 왕국은 월남지역의 참파(Champa) 왕국이 5세기경 현재의 참파삭 지역으로 확장하게 되자,

---

8) http://www.seasite.niu.edu/lao/ 쿤이란 임금을 뜻하며 한자로 표기하면 군(君)이 된다.

메콩강 서쪽으로 이동하고, 칸다부리(Candaburi)라는 현재의 비엔티안 지역에 몽족의 왕국이 성립된다.9)

2. 라오어와 한국어

필자가 조사한 바에 의하면 라오어 가운데는 한국에서 사용하는 한자의 음과 비교하면 매우 쉽게 이해할 수 있는 단어가 많다. 몇 가지는 순수한 한국어와 상당히 많은 유사성을 보이고 있다. 한자를 읽는 방식에서도 중국식 발음보다는 한국식 발음에 더 가까운 것은 매우 흥미로운 일이다. 예를 들면, 금은 캄, 불을 나타내는 화(火)는 화이, 달(月)은 드안, 약(藥)은 야, 송(送)은 보낸다는 뜻의 송 등 상당히 많은 언어가 한국식 한자읽기와 비교하면 쉽게 이해가 된다.

〈표 1〉 우리나라 언어와 라오스 언어의 유사성10)

라오어 발음 -국제음성표기-	한국발음과 뜻
삼, 십 sa4am, si2p	3 과 10
까이 K@ai	가까이 near
까아 K@-	까마귀 crow
쿤 Khun	군, 임금 君 King
캄 Kham	금 (金) gold
돈 Don	금 (金) gold

9) 곽구영(2007). pp. 123-145.

드안 Dean	달 (月) moon
땅 TanG	땅, 길 road
뚜이 tu@j	뚱뚱한 Fat
못 mo#t,	모두 all
반 baan	방 (가정), 작은 마을 home
배 Bee	배, 뗏목 ship
퍼메 PhoomEE	부모, 父母 parents
사이 sa@j	사용하다. use
상 SanG	상, 코끼리 象 elephant
송 SonG	송, 보내다 送 send
신 sJ@Jn	싱싱한, 신선한 新 New
아짜 a^at-ca#	아차, 아마, may, might
야 Jaa	약 藥 medicine
량 lJ@aG	양(량), 기를 養 raise
욕 Jo^k	옥 玉 구슬 Jade
유 u#u	유, 머물 留. to stay; located
으언 Egun	은 銀 Silver, 돈 Money
익 Ii@k	익, 더할 益 add
싸우 Saau	조, 아침 朝 (아침) Morning
사아 Saa	차 茶 tea
탁밧 ta#k-ba^at	탁발; 스님 공양하다.
포 phO#O	포; 충분한, 배부를 飽 full
화이 Fai	화, 불 火 fire
마떼 ma@tee	~ 어디서 오다 come from
사아사아 SaaSaa	천천히 slowly

10) 이 비교표는 저자가 현지인들을 직접 조사하고 영어표기 사전과 비교한 내용이다.

또한 James Martisoff 교수의 연구에서는 라후족 말의 문장구조가 한국이나 일본의 문장구조와 아주 유사하다고 이미 밝힌 적이 있다.11) 또한 B. Su, C. Xaio, R.Charkraboty, L. Jin, 등의 연구에 의하면 유전학적으로 라후, 일본, 한국, 운남성, 티벳 지역의 혈통이 가장 유사한 것으로 밝히고 있으며, 김병호의 연구에 의하면 라후족의 언어 가운데 북한 사투리처럼 알아들을 수 있는 말이 많다고 한다.12)

사방놀이 하는 아이들

11) Martisoff J. A.(1991). pp.469-504.
12) 김병호(2000나). p.267.

라오스의 풍습은 한국 문화와의 유사성을 나타내는 예를 볼 수 있다. 연구에 의하면 옛날 라오스의 영토이던 현재의 태국 치앙마이, 치앙라이, 그리고 북부 라오스와 미얀마에 걸쳐 살고 있는 약 50만 명의 라후족의 풍습이 한국과 너무나 유사하다는 보고가 있다. 공기놀이, 실뜨기, 팽이돌리기, 자치기, 색동저고리 등의 풍습을 잘 서술하고 있다. 특히 라후족은 언어, 민속, 탄생설화, 유전자, 체형 등이 우리민족과 매우 유사한 것으로 밝혀져 우리민족과의 종족적 동질성에 관해 국내 학계에 주목을 받아왔다.[13)]

팽이치기를 하는 아이들

---

13) 김병호(2000가). pp.227-274.

라오스 북부에 살고 있는 라오족 생활상을 보면 우리나라 시골풍경과 흡사하다. 절구, 제기차기, 연 날리기, 큰 절하기, 색동옷, 솟대 등 우리의 풍습과, 우리의 고대언어로 보이는 언어 몇 가지는 비슷하다. 무심코 한국말을 쓸 정도이다. 그들은 동남아인들이 즐기는 생선간장이나 육류 간장을 쓰지 않는다 우리와 같은 콩간장을 쓴다. 메주로 간장을 담그고 된장국도 있다.

라오스 민담에서 영웅은 고아인 경우가 많다. 그 예로는 Kamphra Phinoi(고아와 작은 귀신), Nang Kaikaew(마술의 암탉 공주), Thao Kamphoi Thukkhata(불쌍한 고아), Maak Taenglai(여러 색깔의 수박 고아), Kamphra Maakkhua(달걀 고아), Kamphra Salaad(똑똑한 고아), Nang Phomhom(달콤한 냄새가 나는 소녀고아), 그리고 Suphrommokkha (고아 수프로모카) 등이다. 자루완 타마왓(Jaruwan Thammawat)과 그의 동료들은 1999년에 고아와 관련된 이야기를 북부 태국, 월남 등지에서 수집하였다.14) 저자의 연구에 의하면, 고구려 유민들이 흘러 들어가, 이 지역에 떠돌면서 고아처럼 살아가던 사람들의 영웅담을 전해진 것이 아닌가 추측된다.

3. 라오스의 소수민족과 거주지역

라오스 소수민족은 65개 정도로 추정하고 있으며 거주 지역에 따라 구분하여 부르는데, 라오숭(Lao Sung)은 높은 지대에 사는

---

14) B. Su, C. Xaio, R. Charkraboty, L. Jin(2000).

사람들을 말하고, 라오텅(Lao Tung)은 중간지역, 라오룸(Loa Loom)은 낮은 지역에 사는 사람들을 일컫는다. 이들은 서로 풍습과 의상, 생활방식이 다르다.[15)]

특히, 라오푸안(Lao Phuan)은 산악 중간 지역에 사는 라오스 소수민족집단으로 주로 생쾅(Xiengkhouang) 주 지역에 살고 있다. 지도에서 라오푸안은 생쾅, 비엔티안, 사이솜분, 루앙프라방, 그리고 후아판과 같은 지역에서 살고 있다. 생쾅은 라오스의 산악지대로서 군사적으로 중요한 위치를 차지하고 있다. 따라서 이 지역 자체가 끊임없이 전쟁터가 되었다. 정치적 혼란으로 이 지역 사람들은 비엔티안과 월남 왕조에도 세금을 바쳤다. 월남전쟁 기간에도 여기에는 200만개의 폭탄이 투하되었고, 많은 주민들이 다치고 피해를 입었다.

생쾅 지역은 특히 다양한 식물과 시원한 계절, 그리고 온천과 역사적 유물이 많아 통하이 힌(Thong Haihin-Plains of Jars)이라고 부른다.[16)] 이 거대한 단지들은 라오스의 서사 영웅 타오창(Thao Cheuang)의 전설에 속한다고 알려져 있다. 라오푸안 사람들은 비단생산 기술이 있어 다양한 디자인과, 특히 맛미티라이-이캇(*matmitilai-ikat* designs)이라는 정교한 얇은 비단실과 세밀한 복잡한 디자인을 생산하고 있다. 생쾅의 사람들은 친절하고 점잖으며, 전해오는 말로는 이 지역 사람들은 손님에게는 선물 없이 빈 손으로 돌아가게 하는 법이 없다는 말이 있다. 이들은 또한 노래와 파야 커우칸(*phaya keowkan*)이라는 사랑의 노래를 작곡하여

---

15) Robert Cooper(2008a). p.24.
16) 통(Thong)이라는 단어의 뜻은 넓다는 뜻이다.

선물하는 것으로 유명하다.[17] 몽, 아카, 수리, 라후, 타이담, 크무, 카렌 족들은 라오스 북동부와 서부산악지대에 산재하여 살고 있으며, 그 외에 남쪽지역에도 많은 소수민족들이 분포하여 있다.

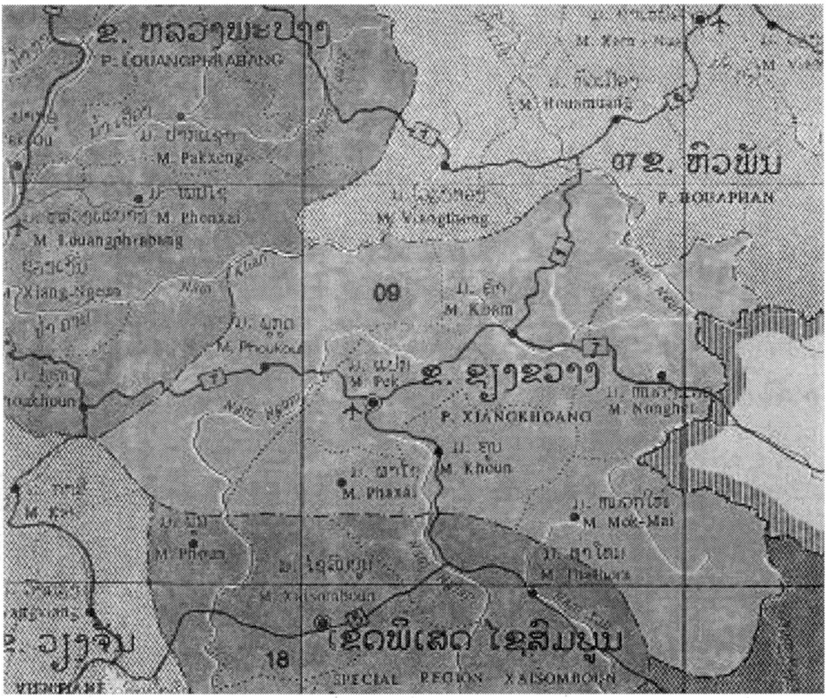

라오스 종족분포지역

흰색 부분이 라오 푸안 종족이 사는 지역으로

라오스의 정치적, 군사적 중심의 역할을 해왔다.

---

17) World Fact Book(2011).

4. 라오스의 지리적 특성

가. 북부지역

보케오, 루앙남타, 우돔사이, 퐁사리 4개 주를 말한다. 이 지역은 험한 산과 다양한 소수민족들이 각기 다른 문화를 이루고 살고 있다. 이 지역은 30여 개의 소수민족이 살고 있으며 티베트-버마, 몽 크메르(Hmong Kmer), 야미앤(Ya-Mien), 그리고 타이라오(Tai-Lao) 족의 근거지이다. 수작업으로 생산한 닥종이와 대나무 종이가 유명하며 크무(Khmu) 바구니, 그리고 몽(Hmong)족 자수 직물이 많이 생산된다. 12월과 1월에는 몽족의 축제가 열린다.[18]

지리적으로 이 지역은 유명한 '골든 트라이앵글(Golden Triangle)'이라고 부르는 지역을 이루며 중국, 미얀마, 타이랜드, 그리고 베트남과 접경을 이루는 곳이다. 2,000m가 넘는 산들이 많이 있으며, 소수민족들이 사는 곳이 주를 이룬다. 3개 자연보호구역을 가지고 있으며, 메콩(Mekong)[19]강, 남우(Nam Ou)[20]강, 남성(Nam Seuang)강, 그리고 남타(Nam Tha)와 남하(Nam Fa) 강이 흐르고 있다.

---

18) Robert Cooper(2008b). pp.13-15.
19) Robert Cooper(2008a). p.19.
20) 남(Nam)은 물 또는 강을 뜻한다.(한국 고대어에서도 남은 물을 뜻했다.)

나. 북부 고대유적지

후아판(Houaphan), 루앙프라방(Luang Prabang), 사야부리(Sayaboury) 생쾅(Xieng Khouang) 지역을 말한다. 루앙프라방주의 주도는 루앙프라방이며, 면적은 16,875km^2, 인구는 400,000명이다. 이 지역은 유네스코 세계문화유적지로 라오스 전통적인 예술가 역사가 깃든 곳이다. 불교 유적과 멋진 사원, 식민지 시절의 건축물과 란상왕국의 궁전이 있다.

왕궁사원의 화려한 보좌 장식

후아판에 있는 뱅사이(Vengxay) 동굴은 1차 파텟 라오의 근거지였다.

생쾅주는 돌단지 평원(Plain of Jar)으로 유명한데, 2000년 전의 거대한 돌이 단지모양으로 조각되어, 들판에 널려있는 곳으로 므앙 쿤(Mouang Khoun)지역의 3개 현장에 널려 있다.[21] 베트남 전쟁 동안에 전략적으로 중요한 군사요충지였다. 북부지방은 비단 생산으로 유명한데 후아판의 주도는 삼느아(Xam Neua)이며, 면적 16,500km^2, 인구는 280,000명이다.

라오스의 돌단지 평원(생쾅주 폰사반 므앙쿤)[22]

라오스 북부지역에 위치한 후아판은 아름다운 자연과 함께 베트남과 접해있다. 후아판 지역에서 생산되는 정교한 문양의 비단이

21) 비엔티안에서 매일 국내선 항공편으로 30분의 거리에 있어 접근성이 좋다.
22) 므앙쿤이란 명칭은 임금님이 살던 마을이란 뜻이다.

유명하다. 이 지역에는 몽족의 새해 축제와 불교관련 축제가 많다.

루앙프라방과 생콰주는 동북부로 연결되어 있다. 고산지대이며, 3개의 주요 강인 남마(Nam Mar), 남삼(Nam Sam), 그리고 남는(Nam Neun)이 흐른다. 이곳의 동굴들은 베트남 전쟁 당시 파텟라오의 군사기지였으며, 1975년 라오 인민민주주의 공화국을 만드는 데 근원이 된 지역이다. 따라서 후아판 주는 현대 라오스 국가의 탄생지로 알려져 있다. 주도인 삼느아는 조용하며 중국과 베트남간의 교역이 많고, 몽(Mhong), 타이댕(Tai Daeng), 그리고 타이루(Tai Lu) 소수민족이 사는 곳이다. 사원으로는 왓 포샤나람(Wat Phoxianaram)이 유명하며 1565년 제작된 청동불상이 있다.

광시 폭포: 석회질로 물색이 에메랄드 색이다.(루앙프라방)
계곡을 따라 오색의 자연호수가 매우 아름다운데, 중국의 구채구(九彩溝), 크로아티아의 자연계곡과 견줄 만하다. 자연석회의 퇴적으로 많은 인공호수가 형성되고 있다.

동북쪽에는 100여개의 석회동굴이 있으며, 그 중 10개는 거대한 규모를 가지고 있다. 남삼 자연보호지역은 코끼리, 호랑이, 곰 등의 야생동물이 서식하고 있다. 탓 살로이(Tat Saloei)라는 폭포가 있으며, 남엣푸루이(Nam Et Phou Louey)도 자연보호구역이다. 인도차이나 반도에서는 유일한 호랑이 서식지이다. 둥근 돌이 널려있는 지역인 샤오힌 탕(Shao Hin Tang)은 고인돌이 많은 유적지로 알려져 있으며 유네스코 세계문화유산으로 등록되어 있다.

후아판 지역에서는 직물이 많이 생산되며 칼과 보석이 많이 생산된다. 이곳은 다양한 국수 종류와 찹쌀밥이 만들어지고 있다.

라오스 북쪽지방은 서쪽으로 태국, 동쪽으로는 베트남과 국경을 이루고 있다. 산악지대로서 카르스트 지형의 아름다운 산들과 고원지대, 강으로 풍부한 자연자원을 가지고 있다. 사야부리 주는 값비싼 티크목재가 많으며, 코끼리를 이용해 삼림을 개척하고 있다.

국경 통과지역은 루앙프라방 공항에서 베트남의 하노이로 항공으로 연결되며, 베트남의 남칸과 생쾅, 그리고 태국의 나카생과 사야부리 주(Kaenthao)는 육로로 연결된다.[23]

다. 중부지역

보리캄사이(Bolikhamxay) 주의 주도는 팍산(Pakxan)이다. 면적은 14,863km^2, 인구는 190,000명이다. 캄무안(Khammouane) 주도는 타캑(Takhek)이며 면적 16,135km^2, 인구는 330,000명이다. 사반나켓

23) *Tourism Guide Book*(2010). pp.15-19.

(Savannakhet) 주도는 사반나켓(Savannakhet)이며, 면적: 21,774km^2, 인구는 824,000명이다. 비엔티안(Vientiane) 수도의 면적은 3,920km^2 이며 인구는 700,000명이다. 비엔티안 주의 주도는 폰홍(Phonehong)으로 인구는 350,000명이다.

중부지역의 국경연결은 왓타이(Wattay) 국제공항(비엔티안), 타이랜드(농카이)-비엔티안, 타이랜드(나콘 파놈)-캄무안 주(타캑), 타이랜드(Mukdahan)-사바나켓(Savannakhet), 베트남(Lao Bao) - 사바나켓 댄사반(Daene Savanh), 베트남(Cha Lo)-캄무안 주(Na Phao), 그리고 베트남(Cha Lo)-보리캄사이 주(Nam Phao)와 연결된다.

라. 남부지역

7세기에 건설된 왓푸(Wat Phou) 사원(참파삭 주)은 유네스코 문화유산으로 등록된 곳이다. 호치민 루트가 통과한 곳이며, 캄무완에서 아타포까지 메콩강이 이어지는 풍부한 자원지역이다. 동부 몽 크메르의 원거주지로 면화가 많이 생산된다. 볼라방 고원지대(Plateau)가 펼쳐진 곳으로, 커피가 많이 생산되는 시원한 지역이며 폭포 그리고 강변의 백사장 경치가 좋은 곳이다. 12개의 자연보호구역이 있는 곳으로, 생물다양성을 포함하는 세피안(Xe Pian) 자연보호구역이 유명하다. 풍부한 습지와 환경으로 자연보호구역이 많다.

교통로는 팍세(Pakse) 국제공항에서, 캄보디아(Pra Preng Krian) 참파삭 주의 농 녹키안(Nong Nok Khian)과 연결된다. 타이랜드(Chong Mek) - 참파삭 주(Vang Tao)와 연결된다.

아타포(Attapeo) 주도는 사마키사이(Samakhixay)로 면적은 10,320km², 인구 110,000명이다. 참파삭(Champasak) 주도는 팍세(Pakse)이며, 면적 15,415km², 인구는 600,000명이다. 왓푸(Wat Phou) 사원은 캄보디아 시엠립의 앙코르왓 사원의 원형으로 알려져 있으며, 4천개의 섬이라고 알려진 시판돈 폭포가 메콩강 하류로 흘러 들어간다.

사라반(Salavan) 주도는 사라반이며, 면적 10,691km², 인구는 약 300,000명이다. 3개의 자연보호구역을 가진 지역으로 다양한 소수민족이 거주하는 곳이다. 베트남과 태국으로 메콩강이 국경을 형성하고 있는 곳으로 동부지역 볼라방 고원지대는 2,000미터가 넘는 산으로 형성되어 있다. 몽 크메르 종족이 거주하는 곳이다. 호치민 루트가 있었던 곳으로 커피와 민속음악이 풍부한 곳이다. 2월 초에는 카탕(Katang) 그리고 오예(Oye) 소수민족의 축제가 열리는 곳이다. 라오스 민속주인 '라오 라오(증류주)', '라오 하이(대롱으로 빨아먹는 술)', '라오 사토(막걸리)'가 많이 생산된다.

세콩(Xekong) 주도는 라남(Lanarm)이며, 면적 7,665km², 인구 65,000명이다. 험한 산으로 둘러싸여 가장 개척이 늦은 곳으로 호치민 루트가 지나가는 곳이다. 이 지역에서는 카투(Katu) 족과 타이룽(Talieng) 족이 가장 많은 숫자를 차지하고 있으며, 14개 소수민족 중에서도 몽 크메르(Mon Khmer) 남부지역에서 가장 많은 언어 족이다. 특이한 종교의식과 샤머니즘이 조상숭배 의식과 혼합된 민속을 가진 소수민족이 살고 있는 곳이다. 폭포가 많이 있으며, 동배(Dong Be) 산은 2,066m로 가장 높다. 네(Nge)라는 소수부족과 아락(Alak) 족은 전통 수공예품을 생산하고 있으며, 매

년 12월2일에 분숭흐아(Boun Souang Heua-전통 보트경기) 축제를 벌인다.[24)]

5. 란상(Lane Xang) 왕조의 성립

가. 란상왕조의 등장

라오스인들은 원래 중국 윈난성(雲南省) 지방에 거주했던 타이족의 일파이다. 7세기 무렵 타이족은 "난 짜오 왕국"을 건설하면서 점차 강력한 국가로 성장하였다. 남쪽으로 세력을 넓혀 가다가 1253년 몽고 "쿠빌라이 칸"의 공격을 받아 멸망하고, 타이족 사람들은 지금의 태국, 라오스, 미얀마, 중국의 해남도, 베트남, 인도의 아샘 등지로 퍼져 나갔다.

몽골족이 중국과 베트남을 복속시키면서 라오스 왕조도 쇠퇴하기 시작하였다. 1353년, 화굼(Fa Ngum)은 난짜오 왕국이 멸망한 후 1238년 태국 북부를 중심으로 한 수코타이(Sukhothai)왕국의 영향력이 쇠퇴하고 아유타야 왕국이 발흥하는 것을 기회로 삼아 독자적인 국가를 건설했다. 1316년 므앙사와(Muang Sawa, 현재의 루앙프라방)에서 태어난 그는 아버지가 할아버지의 아내 중 하나를 유혹했다는 이유로 어린 시절 아버지와 함께 쫓겨나 크메르 앙코르 지역에 정착했다. 그 후 크메르 제국 궁중에서 성장하다가 크메르 왕의 공주와 결혼했다. 이를 통해 크메르 제국

---

24) *Tourism Guide Book*(2010). p.22.

으로부터 1만 명의 군대를 지원받은 화굼은 비엔티안, 시앵쾅(Xieng-khouang) 지역의 푸안(Phuan)왕국, 태국 북동부의 코랏(Khorat) 고원을 차례로 정복하고, 마침내 므앙사와 지역까지 수중에 넣어, 이 지방을 중심으로 란상 왕국을 건설했다(란은 백만이란 뜻이며, 상은 象으로 표기되는 코끼리라는 뜻). 라오스 최초의 통일왕국이 탄생한 것이다.

화굼 왕은 정복욕이 매우 강해 건국 후 20년도 되지 않아 동쪽으로 참파(Champa)와 베트남 산악지역까지 영토를 넓혀 '정복자'라는 명칭까지 얻게 된다. 그러나 그의 잔인함을 견딜 수 없었던 부하들은 1373년 마침내 그를 쫓아낸다. 뒤이어 왕이 된 화굼의 장남 운휴안(Oun Heuan)은 아유타야 왕국의 공주와 결혼해 왕권을 회복하고 경제를 부흥시키는 한편, 절과 학교를 세우는 등 문화사업에도 힘썼다. 그가 통치한 43년 동안 란상 왕국은 교역의 중심지로 떠올랐다

왕조가 들어선 3년 후에는 비엔티안(Vientien 영어식으로는 비엔티안이지만, 프랑스의 지배를 받았던 시대의 발음으로는 위앙짱이라고 한다. 비엔찬이라고 부르기도 한다.)까지 세력을 넓히면서 현재의 라오스 영토와 비슷한 규모로 성장한다. 화굼 왕은 루앙프라방을 수도로 정하고, 소승불교를 받아들였으며, 크메르 공주와 결혼하면서 신성한 불상인 '파방'을 라오스로 가져왔다.

라오스의 고대수도이자 유엔이 지정한 세계문화유산 지역인 루앙프라방을 상징하는 대표적인 그림. 탈을 쓴 사자는 임금을 상징한다.

화굼의 뒤를 이은 삼센타이(Samsenthai: 1373~1416) 때에는 약 30만명 정도의 인구로 증가했으며, 포티싸랏(Phothisarat: 1520~1548) 왕 때에는 비엔티안이 동남아의 교역 중심지로까지 부상했다. 세타티랏(Setthathirat: 1548~1575) 왕은 수도를 현재의 비엔티안으로 옮겼고, 왓 파깨우 등의 사원을 건설했다. 이때 란나에서 가져온 '프라 깨우(에메랄드 불상)'도 비엔티안으로 옮겨지게 된다. 그는 아유타야(태국)와 조약을 맺는 등 외교에도 능하였으며, 미얀마의 공격으로부터 수도를 방어하고, 라오스 남부 일대까지 영토를 확장하는 등 뛰어난 업적을 올리기도 했다. 이때의 라오스 영토는 가장 넓었으며, 현재 태국의 치앙마이, 치앙라이 그리고 태국의 동북부 대부분이 라오스에 속했다. 그러므로 지금도 이 지역사람들은 라오스 말을 쉽게 알아듣고 있다.

나. 란상왕조의 분열

화굼을 이은 왕 운휴안이 1412년 60세의 나이로 죽은 후 1520년까지 열두 명의 통치자가 왕위를 이었다. 1520년 왕위에 오른 포티사랏(Photisarath)왕은 미얀마의 침공을 피하기 위해 수도를 위양짠(Wieng chan, 비엔티안의 라오어 발음)으로 옮겼다. 1545년 란나 왕국을 정복하고 왕위를 계승한 그의 아들 셋타티랏(Setthathirat)은, 란나에서 에메랄드 불상인 파케오(Pha Kaew)를 가져와 하화케오(Hawha Kaew)를 짓고 이 불상을 모셨다. 아울러 그는 부처의 사리를 봉안하고 불교의 위엄을 보여주기 위해 탓 루앙(That Luang)을 지었는데, 이 탑은 현재 비엔티안의 가장 유명한 관광명소로 남아 있다.

란상은 가장 크고 강력한 왕국이었으나 라오스 산악지역의 다양한 종족을 완전히 복속시키지는 못했다. 동북 지역인 생쾅(Xiengkhouang)과 삼느아(Sam Neua)는 여전히 독립을 유지하고 있었다. 1571년 셋타티랏 왕이 캄보디아 원정에 나섰다가 돌아오는 길에 산악지역 반란족의 공격을 받아 실종되자 왕을 잃은 란상 왕국은 내부 분열을 일으켜 급속한 쇠락기에 접어든다. 하지만 1637년 왕위에 오른 수린야 봉사(Sulinya Vongsa)왕은 57년간 통치하면서 국가를 다시 융성시켜 이 시기가 란상 왕국의 황금기로 불린다. 1694년 퐁사 왕이 계승자를 정하지 못하고 죽자 1700년에는 비엔티안 왕국이, 1707년에는 루앙프라방 왕국이, 1713년에는 참파삭(Champasak) 왕국이 탄생해 란상 왕국은 3국으로 분열되는 운명을 맞게 된다.

이 틈을 타서 샴(태국)과 베트남의 영향력이 라오스로 확대되기 시작하면서 독자적인 '므앙(Muang 지방자치적인 소도시)'들도 주변 강대국의 속국으로 전락하였다. 1760년 중반에는 미얀마, 1778년에 샴의 공격을 받아 비엔티안은 폐허가 되고, 중요한 두 개의 불상인 '프라 깨우'와 '파방'도 태국으로 빼앗기는 치욕을 당하였다. 이로써 과거의 강대한 통일국가는 세력을 잃게 되었으며, 루앙프라방 왕국은 미얀마의 침공으로 1769년에 멸망하고, 비엔티안 왕국과 참파삭 왕국도 1829년 샴 왕국에 패퇴해 멸망한다.

다. 프랑스 식민지 시대

19세기 후반부터 동남아 일대에 식민지를 확대한 프랑스는 1868년, 남부 베트남과 캄보디아를 차례로 식민지화하고, 메콩 강을 따라 중국까지 교역로를 확보해야 했던 프랑스는 북부 베트남을 보호령으로 만들면서 라오스를 공식적으로 지배하려 하기 시작했다. 결국 1886년, 샴왕국(태국)의 출라롱컨 왕과의 협상을 통하여 샴은 라오스에 대한 영향력을 포기하는 대신, 프랑스는 1893년 샴 간의 영토분할 조약을 통해 메콩 강 서쪽은 샴에, 동쪽은 프랑스령 인도차이나 연방에 편입함으로써 라오스는 주권을 상실하고 멸망하게 된다. 이렇게 하여 라오스는 현재 태국의 동북부와 치앙마이 치앙라이 지역을 포함한 상당한 영토를 잃고 600여 년의 역사를 가진 란상왕국은 멸망하게 된다.

1893년, 라오스를 포함한 캄보디아, 베트남이 모두 프랑스의 식민지로 귀속되었으며, 라오스는 비엔티안을 수도로 재지정하고 3개의 왕조를 모두 지배하게 된다. 프랑스가 지배하는 동안 라오스는 농토와 자원을 수탈당하고, 교육의 기회를 잃은 식민지로 전락한다. 당시 루앙프라방에 국왕이 살고 있었으나 아무런 행정권을 갖지 못한 상징적인 존재에 불과했다.

라. 제2차 세계대전과 독립

2차 세계대전이 끝나갈 무렵인 1945년 4월에 라오스는 일본군이 진주하면서 프랑스군을 물리치지만 뒤이어 일본이 패전하고 철수하였다. 라오스의 펫짜랏(Phetsarat) 왕자는 라오 이싸라(Lao Issara: 자유 라오스)를 구성하며 1945년 9월 1일에 독립을 선포, 2주 만에 라오스 남북부를 통합한 새로운 정부를 세운다. 그러나 프랑스 정부는 이를 인정하지 않고 시사왕웡 왕을 내세워 라오스를 다시 지배하려고 한다.

그러나 독립운동은 완전한 독립이 아닌 프랑스 연방 내에서의 자치 정부 구성을 골자로 모색하게 된다. 이에 펫짜랏 왕자는 방콕으로 망명, 1949년 8월에는 베트남의 베트민(Viet Minh)을 모델로 한 사회주의 해방군 '파텟 라오(Pathet Lao 파텟은 국가를 뜻한다)'를 결성한다. 베트민의 지원을 받은 파텟 라오는 통치권을 확보하며 1950년 10월, 프랑스와의 수차에 걸친 제네바 협상을 통하여 독립을 쟁취한다.

빠뚜사이 (독립기념문)

6. 라오 인민 민주주의 공화국 성립

독립 후, 라오스는 자신들의 의사와 관계없이 베트남 전쟁에 휘말리게 된다. 그리고 북부(루앙프라방), 중부(비엔티안), 남부(참파삭)의 3개국으로 분열된 라오스는, 미국이 베트남전에 개입하면서 상호 견제와 통합을 추구하게 된다. 미국은 CIA를 파견하고, 라오스 산족인 몽(Mhong 프랑스어로는 Mont이 산을 말하는데, 여기서 산족을 몽족이라고 부르게 되었다.)족을 회유하여 베트남전에 개입하였다. 베트남전쟁에서 미국이 가장 힘든 부분은 라오스의 동쪽 험한 산악지대를 활용하는 공산군의 호치민 루트였다. 이 지역은 베트남이 비밀리에 운송로를 개척하고 베트남으로 우회 공격로가 되었던 것이다. 미국은 베트콩의 보급로를 차단하기 위해 1964년부터 라오스와 캄보디아에 비밀리에 폭격을 시작했고, 1973년까지 미국은 라오스에만 200만t 이상의 폭탄을 투여해 수많은 인명 피해를 냈으며, 90년대 초반까지도 불발지뢰(UXO: Unexploded Ordinance)로 인해 사망자와 부상자가 속출하였다. 현재 유엔은 UXO의 제거를 위하여 라오스에 계속 지원을 하고 있다. 1975년 4월, 사이공이 함락되면서 베트남은 사회주의 국가가 되었고, 같은 해에 라오스와 캄보디아도 좌파에 의한 정권이 들어서게 된다.

라오스가 공식적으로 해방을 선포한 날은 1975년 8월 23일이다. 1979년까지 라오스는 수파누봉 왕자를 초대대통령으로 추대하고, 파텟 라오의 지도자였던 카이손 폼비한(Kaysone Phomvihane)은 2대 대통령으로 한 사회주의 정부를 구성하였고, 12월 2일을 정식 독립기념일로 지정하였다. 파텟 라오가 정권을 장악한 후 많은 지식인층이 태국 등으로 망명하였으며, 미국에 협조하였던 10만여 명의 많은 몽족들이 미국으로 피난하게 된다. 아이러니하게도 이 몽족들이 본국으로 보내오는 달러는 라오스의 적잖은 재정적인 도움이 되고 있다. 특히 폭격이 심했던 북부 생쾅지역은 전쟁의 후유증으로 민가와 고대 건축물들이 거의 파괴되었으나, 미국과 일본 등으로 피난을 간 몽족들이 남은 가족에게 달러를 송금

하면서 멋진 새로운 집들이 많이 지어져 이 지역은 도리어 새로운 도시로 번성을 구가하고 있다.

탓루앙 앞에 서있는 비엔티안 건국의 아버지 세타티랏 왕(1548-1571)

베트남, 중국, 구 소련 등과 가깝게 지내던 라오스는 소련의 개방 정책을 토대로 1980년대에 들어서 '찐타나칸 마이(새로운 생각 New Thinking)'이라는 새로운 정책을 실시하면서 구왕조와 미국에 협조했던 인사들을 재교육시키면서 화해정책을 실시하게 된다. 1989년에는 사회주의 체제 안에서 최고 인민위원회 직접 선거를 실시하였고, 1991년에는 새로운 헌법을 제정하였다.

라오스의 비엔티안 궁전 - 지금은 사원이 되어 있다.

7. 라오스의 경제적 발전

동구권이 붕괴되고, 1992년에 카이쏜이 사망하면서 라오스 외교는 개방의 길을 걷게 된다. 태국은 관계 개선을 위해 1994년에 메콩강을 연결하는 우정의 다리를 개통하여 선물하였고, 1997년에는 아세안(ASEAN) 기구에 가입했다. 1988~1997년에는 비농업 부문의 활성화에 따라 연평균 6% 이상의 경제 성장을 지속했으나, 1997년 아시아 경제 위기, 특히 태국 화폐의 폭락으로 라오스 통화가치가 50% 이상 하락하고 소비자 물가도 100% 이상 상승하는 등 경제 위기가 고조되었다. 그러나 1999년을 고비로 2000년을 넘어서면서 다시 5% 이상의 성장을 기록하며 안정세를 되찾고 있다. 2009년에는 외국인 투자를 대폭 개방하여 관광을 위시한 거의 모든 분야에 외국인이 지분형태로 참여할 수 있게 하였다. 특히 라오스의 관광산업은 해마다 관광객이 30%씩 증가하는 중요한 산업이 되고 있다. 현재 일인당 GDP는 480달러로 추산하고 있다. 라오스는 일찍이 프랑스 통치하에서 프랑스의 생활양식과 법률제도의 영향을 받았다. 한국은 라오스에 투자금액 5위를 기록하고 있으며, KOICA, 새마을 중앙본부, 각 대학교 및 봉사단체에서 많은 지원을 하고 있다. 특히 부영건설에서는 초등학교 100개와 칠판, 교과서, 악기 등을 전면 무상 공급하였으며, 한국정부에서는 EDCF 자금으로 루앙프라방에 수파누봉 대학교를 건설하였다.

라오스의 재산법은 사유재산제도를 승인하고 있으며, 계약자유의 원칙은 제한적으로 이루어지고, 토지법은 토지소유권이 국가공동체에 귀속한다는 것을 규정하고 있다. 또한, 외국인의 사용권은 최대 30년, 외국투자가의 사용권은 최대 50년, 경제특별구의 경우는 최대 70년으로 되어 있다. 무엇보다, 토지법의 규정상 갱신은 「사안에 따라」라고 여겨지고 있어 국가에 의한 토지관리를 전면적으로 나타내고 있다. 또한 공용 수용에 대한 손실보상에 대해 「상당한 보상」을 규정하고 있다. 라오스의 재산법은 사유재산제도를 승인하고 있으며, 계약자유의 원칙은 제한적으로 이루어지고 있다. (보다 상세한 내용은 주한라오스문화원 홈페이지 http://cafe.daum.net/laocul 참고)

8. 라오스의 경제현황

가. 개황

라오스는 인구 650만 정도로 조사되고 있으며 아직 경제개발이 덜된 국가로서 기업 활동이 미진하다. 2009년 IMF 기준 일인당 GDP는 900달러로 추계되었으며, 동남아에서 가장 빈곤한 국가에 속한다. 그러나 수력이 풍부하여 전력이 풍부하고, 농업개발 가능한 유휴토지가 많다. 광물과 자연자원이 풍부한 편이나 아직 개발되지 못한 곳이 많이 있다. 기후가 아열대성이며 산야에 널리 있는 과일이 풍부하여 절대빈곤으로 굶는 사람은 없다. 다만 산간지방에서 풍족하지 못한 식량과, 현대문명의 혜택이 적을 뿐 행복지수는 세계에서 가장 높은 것으로 발표되었다.

라오스에서 비단, 커피 등이 많이 생산되나 가내공업에 의존하고 가공기술이 발달하지 못하여 품질이 떨어지는 편이다. 그러나 점차 서방의 자본이 들어와 본격적인 기업화로 경영하는 제품이 늘어나고 있다. 라오스의 중소기업은 전체 고용인 345,138명 가운에 280,931명을 고용하여 81.4%를 차지하고 있다. 특히 소기업은 238,670명으로 69.2%를 차지한다. 대부분의 중소기업들 가운데 65%는 도소매, 자동차 수리업에 종사하고 있다.

세금제도는 월별인정과세가 50%를 넘고 있으며, 가정에서 상업활동을 하는 소기업의 경우에는 많은 부분이 일일별 세금을 납부하는 형식을 취하고 있다.

국민의 75% 이상이 초등교육 이상 수준의 교육을 받았으며,

관광객이 매년 30%씩 증가세를 보이고 있다. 최근에는 교육에 더욱 높은 투자를 하고 있다. TV와 휴대폰의 보급이 늘어나 비교적 활발한 정보교환이 이루어지고 있으며, 대규모 기업 활동은 미약하나 인건비가 저렴하고, 국민성이 착하여 중소기업 경영에는 안정적인 환경이라고 볼 수 있다.

라오스는 육상으로 5개국과 운송이 열린 통로로서, 유통업, 창고업이 발달할 수 있는 국가이다. 한국기업의 투자는 꾸준히 증가하여 현재 라오스 해외직접투자 유치실적의 5위를 차지하고 있다. 그리고 한국 기업은 제조업의 인프라가 비교적 좋은 수도권이 안정적인 투자 지역으로 유리하다. 저렴한 인건비와, 성실한 라오스 국민의 특성을 활용한다면, 한국의 기업이 안정적인 활동을 할 수 있고, 인도차이나 반도의 중심적인 지리적 여건을 활용하여 물류의 중심지로 활용할 가능성이 있다. 또한 인구에 비하여 기업활동이 미진한 북부지역은 중국, 베트남과의 국경교역을 목표로, 앞으로 보다 활발한 투자와 활동이 예상되고 있다. 이 나라의 광물자원은 수출이 점차 증가하고 있어, 한국기업은 이 부분에 관심을 더 많이 가질 필요가 있다.

수도는 비엔티안으로, 인구는 약 70만 명으로 기록한다. 종족은 라오족이 대부분을 차지하고 있다. 유아사망율이 1,000명당 59.46명으로 세계 36위로 높아 인구증가율은 1.684% (2011년 추정)에 그치고 있다. 인구의 도시집중율은 33%로, 해마다 4.9% 증가율을 보이고 있다. 평균수명은 62.39세로 남성 60.5세, 여성 64.36세이다.[25)]

25) World Fact Book(2011)

소수민족의 분포는 라오(Lao)족이 55%, 크무(Khmou) 11%, 몽(Hmong) 기타 8%, 그 외 100개 정도의 소수민족이 26%를 차지한다. 종교는 불교가 67%로 대부분을 차지하고, 대외적으로 기독교의 선교활동은 금지되어 있다. 언어는 라오어가 공식 언어이며 그 외 프랑스어, 영어, 다양한 소수민족 언어가 존재한다. 25세 이상 문자해독력은 73%이다. 초등학교 5년은 의무교육이며, 취학율은 75% 정도이다. 중고등학교는 6년이며, 대학진학율은 2%이다.

인도차이나 반도의 회랑(Corridor)으로 불리는 라오스는 남쪽으로 태국, 동쪽으로 베트남과 캄보디아, 서쪽으로는 미얀마, 그리고 북쪽으로는 중국과 국경을 마주하고 있는 내륙국이다. 국토면적은 236.800km^2로 남북한의 1.1배가 된다. 동쪽과 북쪽은 산악지대로 둘러싸인 험준한 지형이며, 국토 전체의 70%가 산으로 이루어져 있다. 가장 높은 산은 푸 비아(Phu Bia) 산으로 높이가 해발 2,817m이다. 북위 18:00N, 동경 105:00E에 위치한 아열대 몬순기후로 우기(5-11월)와 건기(12-4월)로 나눈다.

표준시간은 한국보다 2시간이 늦다. 16개주와 1개의 특별시로 구성되어있다. 프랑스로부터는 1949년 7월 19일 독립하였으나, 왕정파와 중립파 간의 투쟁으로 통일이 지연되었으며, 공산당에 의한 최종 국가형성은 1975년 12월 2일이다. 민법체계는 프랑스 제도를 많이 따르고 있다.

공식국가명은 라오 인민 민주주의공화국(Lao People's Democratic Republic)이다. 공산당이 지배하는 사회주의를 채택하고 있다.[26)]

18세 이상 투표권을 가지며, 라오스는 2011년 6월16일 제7대

26) Ibid., Laos는 Lao 종족의 복수형으로 s를 추가한 것이다.

국회 1차 정기회기 투표결과, '춤말리 사야손'대통령, '분냥 보라칫'부통령, '통싱 탐마봉'총리, '빠니 야토뚜'를 국회의장으로 재선출하였다. 또한 정부 개각을 통해 기존 14개 부처에 내무부, 과학기술부, 환경·천연자원부가 추가되어 총 17개 정부부처로 구성되었다.

나. 자연자원과 인프라

라오스의 자연자원은 원목, 수력전기, 석회석, 아연, 금, 보석 등이 생산된다. 경작가능지는 4.01%이며, 영구적인 경작지는 0.34%로, 나머지 95.65%는 산지와 미개척지이다. 라오스의 산지는 생산임지, 보호임지, 보존림지역으로 나누는데, 생산임지는 국가관리 하에 있는 것이 106개소로 전체면적은 3,207,000ha이다. 보호임지는 주와 군에서 관할하는 것이 총 75개소로 517,000ha이며, 보존임지는 국가관리 20개소, 주정부관할 57개소, 그리고 군 단위 관리지역이 144개소로 총 391,000ha에 달한다.[27] 관개지는 3,000km^2(2008년 기준)이며 전체 가용수자원은 333.6km^3이다. 국민의 대부분이 음용수를 해결하지 못하고 있다. 메콩강의 전체 길이 약 4,000km 가운데 라오스를 통과하는 지역이 약 2,500km로 가장 길다. 광물자원은 구리, 아연, 금 등이 있다.[28]

라오스는 1986년부터 개인 기업을 장려하면서 분권화를 추진하였으며, 1988-2008년 사이 매년 6% 이상의 성장을 계속해 왔

27) Ministry of Agriculture and Forestry, Lao PDR(2005). p.11.
28) http://www.dgm.gov.la/pdf/LAOMINEE.pdf

다. 그러나 농촌지역의 인프라의 부족으로 아직 저개발지역으로 남아있고, 도로와 통신 사정이 좋지 못해 애로를 겪고 있다. 최근 중국은 라오스 북부를 통과하여 수도 비엔티안에 이르는 고속철도를 연결하기로 합의하고 2011년에 4월에 착공하였다. 이 대규모 70억달러의 프로젝트는 5년에 걸쳐 건설될 예정이다. 전기사정은 220volt로서 좋은 편이며 도시와 농촌가정에 잘 공급되고 있다. 그러나 공업을 위한 고전압 변전시설이 부족하여 지방에서는 대규모 공장시설이 곤란한 사정이며, 산간오지에는 전기가 들어가지 않고 있다. 이를 개선하기 위하여 라오스 정부는 세계은행의 차관으로 태양발전이나 풍력발전을 시도하며 지방 전기 공급시설을 확대하고 있다. 2009, 2010년에 라오스는 외국으로부터 총 5억8천6백만 달러의 무상원조를 받았으며, 그 동안의 경제발전으로 절대빈곤층은 1992년 46%에서 2010년에는 26%로 감소하였다.[29]

다. 재정개혁과 경제발전

재정분야에서 라오스는 2010년에 부가가치세제를 도입하고 투자절차를 간소화하며, 중소기업을 위한 은행대출제도를 확대하였다. 이러한 개혁은 라오스의 경제를 한층 더 개선시킬 것으로 기대하고 있다. 정부는 투자자들 사이에 국가의 미래청사진을 제시하도록 장려하고 있다. 세계은행의 전망으로는 2020년에 세계최빈국으로부터 탈출하려는 계획이 성공적으로 달성될 수 있을 것

29) ADB(2010). p.65.

으로 보고 있다.

〈표 1〉 라오스의 경제개황

(단위: 달러)

항목	2009년	2010년
수출	11억47백만 (태국 27.9%, 중국 20.1%)	9억5천만
수입	13억8백만 (태국 62.2%, 중국14.3%)	15억7백만
산업생산 증가율	16%	17.7%
인플레이션	6.2%	6%
실업율	2.5%	2.6%
노동인구		369만명
GDP/(1인당구매력)	145억6천만/2,300	156억9천만/2,500
1인당 명목 GDP	984	1,060
연평균 성장율	7.6%	7.7%
대외채무	55억48백만	57억97백만
환율	8,516.04Kips/US$	8,320.27Kips/1US$
GDP 구성비율	농업분야 29.8%, 산업 31.7%, 서비스 38.5%(2010년 추산)	
주요생산품	쌀, 커피, 비단, 원목, 광물자원	
주요수출품	원목, 커피, 전기, 아연, 구리, 금	
주요수입품	기계, 장비, 차량, 연료, 소비재	
농산물	쌀, 옥수수, 커피, 사탕수수, 담배, 면화, 물소, 돼지, 소, 가금류	
광물자원	구리, 철, 아연, 금, 석회석, 사파이어	

*자료: World Fact Book 2011

노동인구는 369만 명(2010년 추산)이며, 농업분야에 종사하는 인구가 75.1%, 실업율은 2.5%(2009년 추산)로 낮은 편이다. 인플레이션(소비자 가격)은 평균 6%로 비교적 높으나, 몇 년 전에 비하여 안정적으로 돌아서고 있다.[30] 한국의 증권시장 프로그램을 도입하여 증권거래소가 개설되었으며, 관광산업은 매년 30% 이상 증가하는 중요한 산업으로 자리잡고 있다. 2009년 IMF 기준 일인당 GDP는 984달러로 세계 174개국 중에서 140위를 차지하고 있다.[31] 이 수치는 미얀마보다는 약간 높으나 캄보디아와는 거의 같다. 라오스의 평균 GDP는 2005년에 7.1% 성장하였고 2006년에는 7.6%[32], 2007년에는 7.9% 성장하였다[33]. 2009년에서 2013년까지 예상되는 전망으로는 연간 GDP가 6.5%가 성장될 것으로 전망하였으나, 실제로는 2009년과 2010년 각각 7.05와 7.8%를 기록하는 호조를 보였다. 그러나 구매력 평가기준 일인당 GDP는 2007년에 2,011달러, 2009년에는 2,264 달러를 기록하였는데, 이것은 아세안 국가들 가운데 가장 낮은 수치이다.[34]

2010년에 금속과 전기에 대한 수요가 강하게 일어나고 관광수입이 증대되어 GDP가 증대되었다. 올해와 내년에도 이러한 추세는 계속될 것이다. 그러나 인플레이션이 지속되고 있어, 실질 GDP 증가속도를 둔화시킬 것으로 보인다.

---

30) World Fact Book(2011)

31) IMF(2010).

32) The World Bank Office, Vientiane(2007)

33) The World Bank Office, Vientiane(2010)

34) ADB(2010) p.158.

〈표 2〉 라오스의 경제구조(2005-2010)

(단위: %)

GDP 부문	2005	2006	2007	2008	2009	2010
GDP 성장률	7.1	7.6	7.9	7.6	7.0	7.8
인플레이션	7.2	6.8	4.5	7.6	0.1	5.0
GDP에서 자원기여도	2.9	2.6	0.2	1.9	2.8	3.7
GDP에서 비자원기여도	4.3	5.9	7.3	5.7	4.2	4.1

(Source: *Lao PDR Development Report* 2010, World Bank)

세계 경기의 둔화로 경제성장은 2010년에 7·8%를 나타내고 있으며, 전력과 광업의 상당한 성장실적으로 2020년까지 이러한 증가세는 유지될 것으로 보인다. 2010년 1/4분기 GDP 성장은 18.0%를 보였는데, 1,070메가와트의 라오스 최대 전력생산 시설인 남늠2 전력댐의 완공으로 GDP 성장은 2배가 되었다. 이보다 작은 댐인 세셋(Xeset)2 그리고 남륵(Nam Leuk)1, 2댐의 전력생산도 시작되었다. 이들 전력의 대부분은 태국으로 수출되고 있으며, 세계적인 금속가격의 상승으로 광업에서의 성장도 19.0%로 괄목할 만하다.

특히 구리생산은 푸 비아(Phu Bia) 그리고 세퐁(Sepon)에서 21.0%와 14.7% 증가되었다. 금 생산은 7.0% 증가된 173,000 온스가 생산되었고, 은은 13.5% 증가된 500,000 온스가 생산되었다. 건축활동은 재정과 금융활동에 기여한 바가 크다. 관광부문의 회복으로 관광객 숫자는 유럽과 미국인의 입국증가에 힘입어 2010년에는 25% 증가된 250만 명을 기록하였다. 이러한 실적으로 호텔과 식당은 6,396개로 증가되었다. 기타 서비스 부문에서는 적어도 6%

증가를 보였는데, 주로 금융, 도소매, 운송 그리고 통신부문이 성장하였다.

이에 반해 노동력의 3/5을 고용하고 있으며 GDP의 1/3을 차지하고 있는 농업부문은 홍수와 가뭄, 가축질병 등의 피해로 고충을 겪었다. 주 생산물인 쌀은 4% 성장한 3백26만톤을 기록하였으나 전체적으로 농업생산은 2.0% 성장을 보이는데 그쳤다. 인플레이션은 2008년에 급격하게 상승하여 7.8%를 최고를 이루었으나, 2009년에는 0.1%로 안정되었고 2010년에는 5.0%에 이르렀다.

2008년 경상수지 적자는 총 GDP의 17% 비율을 유지하고 있으며, 이는 원유수입의 증가 때문이다.35) 종합수지 흑자는 총GDP의 4.8%를 유지하고 있으나, 은행신용공여는 2010년에 46% 증가하여 2008년과 2009년에 비하여 80% 증가되었다. 화폐공급은 M^2 기준으로 39% 증가되었다. 특히 국영상업은행(SOSBs)의 차입이 매년 2배 이상 증가하고 있으며, 이로 인한 무수익여신(NPLs)의 증가가 우려된다. 36)

인플레이션 억제의 수단으로 라오중앙은행은 이자율을 4·0%에서 5.0%로 높였다. 중앙은행은 인플레이션 변동에 대처하기 위하여 주요외환에 대한 킵(Kip)의 환율폭을 5%대로 안정시키고 있다. 미국달러에 대한 환율은 3·0% 상승하였으나, 태국 바트에 대한 상승율은 5.0%로 높아졌다.

미국 달러의 유통은 금융정책의 효과에 영향을 주고 있다. 라오스는 자국화폐 킵의 활용을 늘이기 위해 재정부는 모든 도매

35) 외교통상부. 라오스개황(2008) p.31.
36) 위의 책. p.31.

상과 소매상에서 자국의 화폐인 킵만 받도록 지시하고 있다. 이러한 조치의 덕택으로 달러 의존도는 1999년 79%에서 2010년에는 50%로 낮추어졌다. 금을 위시한 귀금속류의 세계적인 가격 상승으로 2010 회계년도에는 재정적자가 감소하였다.

앞으로 10여 년 동안 라오스는 WTO에 가입하기 위한 조건을 맞추기 위하여 외환, 투자, 세금 그리고 무역규제를 정비하고, 중국, 일본과 상품과 서비스에 관한 양자간 협정을 맺었다.

라. 경제전망

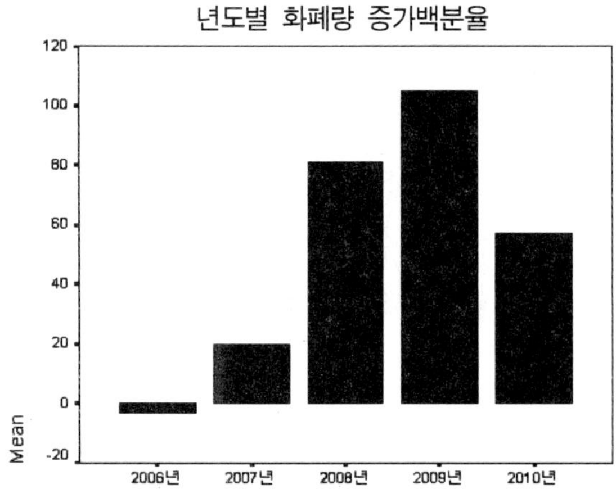

라오스 정부의 7차 사회경제개발5개년계획(2015년까지)에서는 년평균 경제성장율을 8%로 하고, 2020년에는 세계최빈국을 벗어난다는 목표를 가지고 있다. 그러나 인플레이션이 상당히 높게 상승하고 있으며, 화폐발행고도 높게 나타나는 문제점이 있다.

2008년에는 80%, 그리고 2009년에는 100%가 넘게 화폐발행고가 증가되었다.

장래발전을 위한 주된 저해요인은 거시경제의 안정이며, 여기에는 금융제도의 취약성이 조심스럽게 지적되고 있다. 대출의 급격한 증가와 은행숫자의 급격한 증가인데, 은행에 대한 감독의 부실과 국영은행의 자본유출은 은행제도의 취약성이라는 문제점이 될 수 있다.[37)]

2008년 기준으로 27%의 빈곤층을 감소시키기 위한 라오스 정부의 노력은 경제활동의 폭이 좁은데서 원인이 있으며, 전력생산과 광업이 위주가 된 성장으로는 국제금속가격의 변동에 취약하고, 고용의 증대가 별로 이루어지지 않고 있다는데 문제가 있다. 따라서 대부분의 고용을 뒷받침하고 있는 농업과 개인기업의 장려는 매우 시급한 문제로 보인다.

〈표 3〉 경제지표예측

(단위: %)

	2011년	2012년
GDP 성장율	7.7	7.8
인플레이션	6.5	6.0
국제수지(GDP 대비)	-9.0	-10.0

*자료: ADB 추계 2011

개인기업의 확대는 공공관리 분야(국영기업을 포함하여)에서

37) 2010년을 기준으로 지난 3년간 은행의 숫자는 13개에서 23개로 증가되었다.

개선이 이루어져야 할 것으로 보이며, 투명하고 예측가능한 법적 환경이 갖추어져야 할 것이다. 세계은행의 자료에 의하면, 2011년 부패지수는 183개 국가 가운데서 171위를 기록하여 최하위를 기록하고 있다. 이러한 문제는 법적인 제도의 강화가 필요함을 보여주고 있다. 공공 서비스, 공공참여, 법치, 그리고 공적금융 분야의 개혁에 관한 성공여부는 정치지도자의 확신에 의한 개입이 필요할 것이다.[38)]

9. 라오스의 기업

가. 라오스와 세계 경제

라오스는 내국자본이 취약하고 수입의존형 경제구조를 가지고 있기 때문에 대외경제의 영향이 매우 크다. 한국의 1997년 IMF 사태와 2007년 9월에 시작된 세계 금융의 침체는 이 나라에 대한 투자가 위축됨으로 해서 거시지표상으로는 상당히 큰 영향을 받았다. 그러나 라오스는 아직 식량과 물자를 국내에서 조달하거나, 또는 전통적으로 거래해온 태국과 베트남에서 조달하는 형태이고, 생산품의 수출을 통한 세계경제에서 연관성이 적기 때문에 국민들의 생활에 직접적인 충격은 비교적 제한적이었다고 볼 수 있다. 따라서 세계금융위기에도 불구하고 라오스의 수출은 22%에서 30%로 증가하고 있다.[39)]. 비록 그 충격은 주변 국가들과 비

38) ADB(2011) p.191-193.

39) http://www.voanews.com/lao/2009-06-05 p.4.

교할 때 크지 않았지만, 중소기업의 경우 다음과 같은 영향을 받았다고 볼 수 있다.[40] .

* 자원부문과 구리와 같은 광업부문의 대기업에서 충격이 컸다. 세계자원가격의 하락으로 수익은 60%가 하락되었다.
* 농업부문에서도 주변 태국이나 중국으로부터의 주문이 취소됨으로서 상당히 침체되었다.
* 2008년에 세계 커피가격이 2007년도에 비해서 18% 하락하였다.
* 의류수출은 미국, 유럽, 일본의 시장이 약화됨으로 해서 20% 이상 수출이 감소되었다.
* 라오스로 입국하는 관광객이 10% 예약이 취소됨으로 해서 타격이 있었다. 이것은 태국의 수바나푸미 공항과 돈무앙 공항의 2008년 소요사태로 인한 폐쇄에 영향을 받았다고 볼 수 있다. 여러 예측에 의하면, 라오스의 관광산업은 이러한 사태에 직접적인 영향을 받은 것으로 보고하고 있다.

라오스의 수출실적은 2010년에 11% 정도 증가하는 것으로 나타났다. 이것은 중국과 태국, 베트남의 수입증가로 인한 것이다. 전체 수출액수는 2010년에 약 20억달러로 나타났으며, 수입은 9% 증가하였다. 전반적으로 비자원부문이 차지하는 비중은 전체 GDP의 20,8%를 차지하는 것으로 나타났다. 라오스는 전력뿐 만 아니라 목재, 의류도 수출하는데, 전체적으로 보면 광물자원이 10억달러로 가장 많고 최근에도 증가추세에 있다.[41]

---

40) Ibid., p.5.

41) The World Bank Office Vientiane -September 2010, Lao PDR Economic Monitor.

나. 라오스의 중소기업 현황

1) 라오스 중소기업의 수

라오스에서 중소기업에 대한 정의는 다음과 같다. 소기업의 경우는 19명 이하의 종업원을 가지거나 250만킵 이하의 자산, 또는 400만킵 이하의 매출을 기록하는 기업을 말한다. 중기업은 99명 이하의 종업원을 가졌거나, 또는 총자산이 1,200만킵, 또는 연간 매출액이 10억킵을 넘지 않는 기업을 말한다. 라오스에서 중소기업이 차지하는 비중은 매우 높다. 즉, 라오스 전체 경제에서 중소기업이 차지하는 비율은 98.98%로 거의 절대적인 비중을 가지고 있다. 2006년도 경제센서스에 의하면, 라오스에는 총 216,913개의 기업이 있는 것으로 조사되었다. 그 중에서 196개(0.15%)는 대기업이며; 1,081개(0.85%)는 중기업, 그리고 125,616개 (98.98%)는 소기업으로 파악되고 있다. 전체적으로 중소기업은 숫자상 99.83%로서, 그 나라의 전체기업을 차지하고 있다고 볼 수 있다. 이러한 수치는 주변 동남아 여러 나라들과 비슷한 추세인데, 태국은 99.6%, 말레이지아는 99.2%, 일본은 99.7%, 한국은 99.8%, 그리고 필리핀은 99.5%를 보이고 있다.[42].

2006년 경제센서스에서는 라오스의 중소기업이 GDP에 기여하는 정도는 통계에 나타나지 않고 있다. 그러나 1996[43]의 조사에 의하면, 6%에서 9%까지 GDP에 기여하는 것으로 나타난다. 세계적으로 76개국의 낮은 소득 국가에서 중소기업의 GDP 기여비율

42) *Small and Medium Enterprises in Lao PDR*(2010). p.3.
43) Nicholas Minot(1996) p.145.

은 평균 16%로 나타난다.

〈표 4〉 라오스 기업의 숫자

(단위: 개, %)

기업규모	기업수	비율
소기업(<19)	125,616	98.98
중기업(19-99)	1,081	0.85
대기업(≥100)	496	0.15
무응답	20	0.015
전체	126,913	100

(Source: *Report of Economic Census*, 2006 Volume 1, National Statistics Centre, Ministry of Planning and Investment)

따라서 라오스에서 중소기업의 GDP 기여율은 1996년 이후 증가되어 왔지만, 16% 수준을 넘지 않는다. 같은 연구에서 선진국의 경우 중소기업의 GDP 기여율은 높은 것으로 나타나는데, 예를 들어 태국의 경우는 38.9%, 말레이시아는 32%, 일본은 55.3%, 한국은 49.4% 그리고 필리핀은 32%로 나타나고 있다.[44]

2) 국내외 시장과 기업거래

2006년도 경제센서스 조사에 의하면, 전체 125,616개의 소기업 중에서 124,656개(99.41%)의 소기업, 그리고 전체 1,081개의 중기업 가운데 895개 업체가 국내시장에서 거래하고 있는 것으로 나타나고 있다. 이에 반해 92개의 대기업(전체의 50%)이 제품이나 서비스를 국내시장에 공급하며, 58개(30%) 업체는 외국에 수출하

44) Ibid., p.4.

고 있으며, 나머지 46개(23%) 기업은 국내와 해외에 거래하는 것으로 나타났다.

〈표 5〉 국내외 거래에서 중소기업의 숫자와 비중

(단위: 개, %)

시장	소기업수(%)	중기업수(%)	대기업수(%)
국내	124,878(99.41)	895(82.79)	92(46.94)
외국	307(0.24)	59(5.46)	58(29.59)
국내외	431(0.34)	127(11.75)	46(23.47)
전체	125,616(100)	1,081(100)	196(100)

(Source: *Report of Economic Census*, 2006 Volume1, National Statistics Centre, Ministry of Planning and Investment)

한편, 소기업활동의 분야별 구분으로 본 비중은 다음과 같다. 즉 도 소매가 65%를 차지하여 가장 많은 숫자를 보이고 있으며, 제조업은 18.97%에 지나지 않는다. 그리고 농업분야에서 기업으로 등록된 숫자는 4,242개소로 3.38%를 보이고 있다.

〈표 6〉 국제기업표준(ISIC)에 따른 소기업활동의 비율

(단위: 개, %)

	경제활동 ISIC	소기업	%
G	도소매, 수리	81,645	65.00
C	제조	23,833	18.97
A	농업	4,242	3.38
H	운송창고	3,753	2.99
S	기타 서비스	3,350	2.67
I	숙박, 음식업	3,323	2.65
R	예술, 오락, 연예	991	0.79

J	정보통신	839	0.67
N	행정지원서비스	712	0.57
L	부동산	609	0.48
F	건설	523	0.42
Q	보건사회	369	0.29
M	교수, 과학, 기술	349	0.28
B	광산 탐사	260	0.21
K	금융, 보험	255	0.20
E	수자원, 하수	243	0.19
P	교육	233	0.19
D	전기, 가스	87	0.07
TOTAL		125,616	100

(Source: *Report of Economic Census, 2006* Volume 1, National Statistics Centre, Ministry of Planning and Investment)

제III부 라오스의 민속과 문학

1. 라오스의 이야기

가. 신화의 창조: 라오스 사람들은 어디서 왔는가?

1) 하늘에서 내려온 거대한 박

아주 옛날에 땅덩어리는 빽빽한 수풀로 뒤덮이고, 거대한 넝쿨이 수풀 밖까지 자라나 하늘에까지 닿았다. 여기에는 단 한 개의 박이 달려있었는데 그 박은 매우 엄청나게 컸다.[45)]

하늘의 神들은 회의를 하여 그 땅에 사람이 살도록 하였다. 그래서 신들은 한 명의 신을 하인과 함께 내려 보냈다. 그 신의 이름은 '쿤 부롬'이었고, 그는 요말라(Yommala)와 아카이(Akkai)라는 두 명의 아내를 데리고 있었다.

그때까지 땅에는 사람이나 동물들이 살고 있지 않았다. 그리고 땅은 거대한 박이 하늘의 햇빛을 가리고 있어서 매우 어두웠고, 부

---

45) 거대한 박으로부터 사람이 나왔다는 신화는 한국의 박혁거세, 김알지의 신화와 동일한 맥락을 가진다.

롬왕은 하늘에 사신을 보내서 도와줄 것을 간청했다. 위대한 神 프라 인(Pra In)은 다른 신들에게 명하여 땅으로 내려가 넝쿨을 걷어내고, 커다란 박에 구멍을 낼 것을 명령하였다. 거대한 넝쿨을 걷어내자, 햇빛이 땅에 비치고 밝게 되어 정말 살기 좋은 땅이 되었다.

그러나 박에 구멍을 내는 것은 쉽지 않았다. 처음에 신들은 뾰족한 쇠막대기를 사용하여 불에 달구었다. 그리고 박의 중간에 작은 구멍을 뚫어 사람들이 기어 나올 수 있게 했다. 그러나 구멍이 너무 작아 인간은 그 속에서 기어 나오기가 어렵게 되자, 신들은 또 다른 구멍을 내었다. 이번에는 도끼를 사용하였다. 이 도끼는 커서 박 옆에 깨끗한 구멍을 낼 수 있었다. 그리고 인간들이 기어 나오기가 쉬웠다. 이번에 나온 사람들은 아까보다 피부가 희었다. 왜냐하면 첫 번째 나온 사람들은 작고 어두운 구멍으로 나오기가 어렵고, 달구어진 쇠막대기가 박 옆구리를 그슬려서 피부가 시꺼멓게 되었다. 그러나 모든 사람들은 같은 구멍을 통해 나왔다. 먼저 나온 사람들은 형이 되거나 누나가 되었고, 나중에 나온 사람들은 동생이 되었다. 그들은 매우 친하게 지냈다. 피부색은 그들에게 아무런 문제가 되지 않았다.

이렇게 하여 처음 사람들이 인간의 조상이 되었다. 그 곳에서부터 사람들이 온 세상으로 퍼지게 되었다. 사람들은 각기 다른 장소에서 기후와 환경에 적응해 나갔다. 그러나 중요한 것은 사람들이 같은 곳에서 태어났고, 같은 인간이며, 형제간에 서로 아껴주었다는 것이다.

모든 인간이 세상에 나왔을 때 신은 박에 다른 구멍을 뚫어 동물들 즉, 코끼리, 말, 소 등을 나오게 했다. 그리고 그 뒤로 많은 생물들을 나오게 하여 인간이 기쁘게 하고, 아름답게 생활을 할 수 있는 보석과 금과 은이 나오게 하였다.

라오스 사람들은 이 이야기를 자손들에게 전해내려 왔으며, 여기서 모든 인종들은 같은 곳에서 태어났고, 형제간이기 때문에 존경받을 가치가 있으며, 모든 사람들이 소중하다는 것을 말해주고 있다.

2) 거대한 넝쿨(Khua Khao Kad)

아주 옛날에 라오스 사람들은 아웃신을 숭배하였다. 프아탄은 만물의 창조자이며 인간세계를 창조하였다. 아웃신은 아들 중에서 쿤(왕) 부롬을 보내 인간 세계에 태어나게 했다. 부롬왕은 모든 사람들을 모아 '나 노이 오 누(Na Noi Oy Nu)' 이라고 부르는 지역에 도시를 건설하게 했다.[46] 왕은 이 지역을 오랫동안 다스렸으나 사람들은 가난했다. 그래서 아웃신에게 도움을 요청했다.

46) 오늘날 라오스 지역을 말한다; 한국발음으로 표현한다면 '나, 너 오

아웃신은 그의 전지전능한 눈으로 도시를 내려다보았더니 쿠아카오카드(*Khua Khao Kad*) 라는 거대한 넝쿨이 도시를 뒤덮고 있음을 알게 되었다. 넝쿨의 가지와 잎은 너무나 크고 많아서 해를 가리고, 그 그늘 때문에 사람들이 농사를 지으면 늘 흉년이 되곤 하였다. 또한 그 넝쿨은 귀신이 인간세계로 오는 길이 되고 있었다.

누'라고 표현할 수 있는데 너와 내가 함께 왔네라는 뜻으로, 고대 고구려 유민들이 신개척지를 발견한 기쁨의 말은 아닐까?

이것을 본 아웃신은 푸 못(Pu Mod) 그리고 야냠(Ya Ngam) 이라는 나이 많은 부부를 인간 세계로 내려 보냈다. 이 부부는 사람들이 오래 살게 해주었지만, 아직 사람들은 이전처럼 가난했다. 사람들은 모여서 의논을 한 결과, 가난한 원인이 거대한 넝쿨 때문이라는 의견을 모으고 넝쿨을 없애버리기로 합의하였다.

사실, 거대한 넝쿨을 잘라내는 것은 매우 어렵고 넝쿨을 자른 사람은 죽게 된다는 말이 있었다.[47] 푸못과 야냠은 아웃신께서 사람들을 도우라고 자기들을 내려 보냈다는 것을 깨닫게 되었다. 그래서 그들은 이 땅의 모든 사람들을 위해 희생하기로 마음을 먹었다.

넝쿨을 자르기 전에 늙은 부부는 유언을 남겼다. "우리가 죽고 난 후 여러분이 고기를 가지고 있다면 까마귀 편에 나에게 좀 보내 주시오. 만약 물고기가 있다면 독수리를 통해 나에게 보내

47) 한국에서도 고목나무를 자르면 목신이 노하여 나무를 자른 사람이 죽게 된다는 전설이 널리 퍼져 있다.

주시오." 그리고 이 노인 부부는 밤낮으로 온 힘을 다하여 나무 넝쿨을 베기 시작하였고, 드디어 나무를 베어낸 노부부는 저승으로 갔다. 라오스 사람들은 이들 부부의 은혜에 감사해서 사람들은 해마다 치성을 드리고 제사를 지낸다.

3) 루앙프라방의 개척 시조 푸녀와 야녀

역사적으로 '푸 녀(Pu Nhoe), 야 녀(Ya Nhoe)'는 불교가 전파되기 6년 전에 살던 노인부부로서, 푸 상카사(Pu Sangkasa)와 야 상카시(Ya Sangkasi) 또는 픽 콘(Phik Khohn)이다. 화굼(Fa Ngum) 왕은 이들에게 명하여 란상 왕국의 수도 시앙통의 신으로 보내었다.

므앙 탕(Muang Thaeng)[48] 역사는 라이차오(Laichao)에 근거하여 마하 우파라드 온께오(Maha Ouphalad Onkeo)가 1835년까지 지배하였다. 이것은 신이 푸녀와 야녀를 그 땅에 보냈다는 것이다. 그들은 사람들이 하늘까지 닿아 있는 거대한 넝쿨나무를 베어내도록 요청한 푸타록(Putalok)과 푸타라오(Putalao)의 명령을 받았다. 잎이 햇빛을 가려 어두운 땅은 농우라(Nong Ula)라고 불렀다.[49]

여기에는 푸타록과 29명의 자녀들 그리고 푸타라오와 20명의 자녀들이 살았다. 그때 부롬왕은 이 마을을 수도 '나초(Nachao)'라고 불렀다. 이 마을은 1272년에 래추(Laichew) 또는 래초(Laichao)

---

48) 므앙이란 마을 또는 도시란 뜻이다.

49) 농우라는 지명은 라후족이 고향이라고 생각하는데, 연구에 의하면 농우(農右). 청해성 청해호(青海湖) 동남부, 당시의 농우는 오늘날 신장 위구르 전역 및 감숙성 일부 포함한다고 밝히고 있다.

라고 불렀다.

프랑스가 1885년 월남을 정복한 뒤, 므앙 탕(Muang Thaeng)의 이름은 디엔비엔푸(Dien Bienphu)[50]로 바꾸어 불렀다. 십송 추타이(Sibsong Chutai) 또는 십송 차오타이(Sibsong Chaotai) 라는 말은 12 개 지역을 뜻하는데, 그러나 라이차오(Laichao) 역사에 따르면 이것은 십송 푸하이(Sibsong Phuhai)라고도 부른다.

푸녀는 넝쿨나무를 베어내기로 결심하였지만, 자기가 죽게 된다는 것을 알았다. 그는 사람들에게 자기가 희생할테니 '녀(Nhoe)' 라는 이름을 항상 기억해주기를 바랐다. 따라서, '녀' 라는 말은 라오스 말의 문장 끝에 언제나 쓰이게 된다. 예를 들면 마녀(오너라), 논녀(잠자러 가자)[51], 낀녀(먹자) 등이 있다.

푸녀와 야녀는 대부분의 루앙프라방 왕가에서 중요한 말이 되고 있다. 예를 들면 왕가의 대관식에서 '푸녀 야녀'는 왕이 축복의 물을 붓는 의식이 되고 있다. 왕가의 장례식에서 이것은 처음 의식을 치르는 절차로서, 지금도 라오스의 새해 의식에서는 이 행사로 즐거운 춤을 추는 것이다. 요즈음도 새해축제(피마이)[52]가 되면 푸녀 야녀의 인형이 행렬을 앞장서서 행진하며 춤을 춘다. 푸녀 야녀는 모든 의식에서 가장 중요한 부분을 차지한다.

처음 푸녀 야녀가 신년 축하 춤에 모습을 드러낸 것은 사카린(Sakkalin) 왕 때 왓(사원) 시앙통에서 시작되었다. 그리고 나중에

---

50) 디엔비엔푸는 월남이 프랑스군을 대패시키고 독립을 하게 된 곳으로 월남의 북서쪽에 있으나, 과거에는 라오스 종족들이 살 던 곳이다. 십송판마이(12개의 마을)라고 하기도 한다.

51) 한국말에서 아이들을 잠재울 때 '낸내'라고 한다.

52) 물을 뿌리는 축제

는 왓캉(Wat Kang), 왓마노롬(Wat Manolom) 등에서도 이 춤을 춘다. 비순(Visoune)왕의 지배 하에서 이 춤은 새해 첫날에 비순 절에서 춤을 추었다. 이 의식의 마지막 날에, 이 춤은 프라카우 (Phrakaew) 사원에서 춘다. 마지막 춤은 탓(That) 사원에서 푸녀 야녀 춤은 오늘날까지 계속 추고 있다.

라오스의 전통음식.
찰밥에 버섯, 야채, 죽순, 토마토, 고추, 마늘, 버섯 등을 많이 쓴다.
그리고 팍컴이라는 열대야채를 생으로 먹기를 좋아 한다.

새해의식 외에도 음력 6월 8일, 푸녀 야녀 제사가 있다. 모든 의식 또는 제사에서 이 노부부의 인형 뒤에는 사자의 모습이 항상 따른다. 이것은 푸녀 야녀가 히마반타 숲속에서 사자를 잡은 것을 뜻한다. 그들은 사자가 가장 강한 동물이기 때문에 사자를 양자로 길러 그들의 수호자로 삼았다. 루앙프라방 사람들은 아이들의 이름을 지을 때 "*싱(sing* 사자)"이라는 글자를 붙이기 좋아한다. 따라서 "*싱*" 이라는 이름은 여러 물건과 장소명칭에서 볼 수 있다. 사람들은 싱캄(금사자) 또는 싱케오(귀한 사자)라고 부른다. 십송판말리(12개의)[53] 마을 중에서 하나는 므앙싱(사자마을)이라고 부른다. 강한 왕의 목소리는 "싱하낫(사자 고함소리)"이다. 왕실의 창문은 "싱 반촌(사자의 창문)"이며 왕의 침실은 "싱핫"이다.

나. 전설

1) 이상한 네 형제

옛날 옛적에 높은 산기슭 강가에 자식이 없이 살아가는 노부부가 있었다. 이 부부는 젊어서 결혼할 때부터 가난하게 살았다. 부부는 자기들의 농사일을 거들어주고 대를 이을 자식을 낳기 원했다. 이웃 사람들은 자식들과 행복하게 살고 있었다. 자식들은 둔 집에서는 여기저기 여행도 마음대로 다닐 수가 있었다. 그러나 이 가난한 노인부부는 그런 자식이 없어서 즐거운 일이 없었다. 피곤해서 쓰러질 때도 일을 멈출 수가 없었다. 이 부부는 먹고 살기 위해 일을 하지 않을 수 없었다.

하루는 이 부부가 의논을 했다. : "우리가 높은 산의 수호신

53) 라오스어의 '십'이란 우리나라의 열 개를 뜻하는 십과 같다.

인 드바타에게 복을 빌어보자. 아마 우리 농사일도 거들어줄 부지런하고 기특한 아들을 낳을지도 몰라. 아들이 있으면 우리가 아플 때 돌보아주고, 우리가 죽고 난 후 재산을 지켜 줄 거야. 그러면 우리도 남부럽지 않을 거야."

그래서 노부부는 꽃과 촛불, 향을 들고 산신에게 가서 아이를 낳게 해달라고 빌었다. 두 사람은 두 손을 모으고 절을 하며 말했다. "신이여, 신이여, 우리는 너무 가난하고 힘듭니다. 위대한 드바타 신께서 축복을 내리소서, 우리에게 자식을 주소서"라고 빌었다.

집으로 오는 길에 이상한 일이 일어났다. 너무나 이상해서 노부부는 얼굴이 하얗게 질렸다. 하늘을 쳐다보니 거대한 용 한 마리가 환한 불길을 이 부부가 가는 길옆의 숲에 뿜어대는 것이 아닌가?

노부부는 생각했다. "무슨 이상한 일이지?" 용이 사라지고 구름이 걷힌 뒤 노부부는 숲속으로 뛰어가 보았다. 그들은 여기서 금호박과 은박, 그리고 검고 흰 곡식알들이 다이아몬드와 보석처럼 빛나는 것을 보았다. 노부부는 이것을 보자기에 조심스럽게 싸서 집으로 가져왔다.

집에 왔지만 노부부는 이것을 어디에다 보관하여야 할지 알 수가 없었다. "여보, 이것을 헛간 한쪽 구석에 두면 어떨까?" 남편이 아내에게 물었다. "안돼요, 그러면 그게 흙이 되어버릴 거예요." 아내가 말했다. "단지 속에 두면 어떨까?" 아내가 말했다. "아니야 너무 숨이 막힐거야." 남편이 말했다. 그러자 남편이 한 가지 생각을 했다. "내가 대나무로 큰 바구니를 자서 방 한가운데 걸어두어야지, 마누라 어때?" 아내도 좋다고 했다. "그거 좋은 생각이군요. 우리가 아이를 요람에 두고 이리 저리 흔들 수도 있겠군요." 남편은 즉시 대나무 요람을 짜기 시작했다. 그것이 다 완성되자 남편은 방 한 가운데 그것을 걸어두고 아내에게 말했다. "이제 우리는 아이들을 잘 돌볼 수가 있겠어." 남편은 요람이 완성되자 가져온 물건들을 광주리 속에 넣고 흔들흔들하며 자식 돌보듯이 하며 눈에 넣어도 안 아플 정도로 귀여워했다.

몇 날이 지나자 금호박과 은 박, 쌀알과 깨알은 이상하게 크고 무겁게 자라기 시작했다. 노부부는 그것을 더 이상 들어 올릴 수 없었다. 아내는 그냥 그 요람을 자기 아이들인 양 조심스럽게 흔들기만 했다.

이 노인 부부가 이상한 물건 네 가지를 가진 이후부터 노인은 힘이 더 강해졌고 더 부지런해졌다. 남편은 일터로 더 자주 나가게 되었고 온종일 산을 헤매고 일해도 피곤한 줄 몰랐다. 매일 매일 그는 피곤한 줄도 모르고 곡식을 심었는데, 날마다 더 많은 박과, 호박 그리고 참깨와 쌀이 열리게 되었다. 그는 눈을 매일 의심하였다. 그리고는 놀라서 말하기를 "와! 이 곡식들 좀 봐, 이게 다 내가 농사지은 것이란 말이야? 백 명이 일한 몫이네."

노인은 집에 와서 아내에게 자기가 본 것을 이야기 했다. 두 사람은 놀라서 이상하게 생각했다. 그날 밤 부부는 계획을 세웠다. 그들은 평상시 보다 일찍 잠을 자고 밤에 일어나 그들의 "아이들"을 지켜보기로 했다. 한 밤중이 되자 노부부는 요람을 몰래 엿보았다. 그리고는 깜짝 놀라 말을 할 수가 없었다. 부부는 네 명의 젊고 건장한 청년들이 금호박, 은박, 참깨, 쌀알 뚜껑을 열고 나와 손에 농사도구를 들고 가기 시작했다. 네 명의 청년들은 헛간을 떠났다. 노부부는 황급히 금호박, 은박, 쌀알과 참깨 알을 감추고 네 명의 청년의 뒤를 따라 갔다. 그들은 한밤중에 일어나는 일이 너무나 이상했다. 들판에 도착하자 노부부는 네 명의 청년들이 땅을 파고 채소를 심고 무언가를 재빠르게 심는 것을 보았다. 그것은 마치 마술을 하는 것 같았다.

새벽이 되고 수탉이 울자 네 명의 청년들을 급히 집으로 향했다. 집에 왔을 때 그들은 자기의 껍질을 찾을 수가 없었다. 그들은 자기들이 들어갈 껍질을 찾기 시작했지만 이미 노인부부가 감추고 만 뒤였다. 청년들은 이상하게 생각했고 그때 노부부가 숨었다가 나타나 말하기를 "아들들아, 놀라지 마라. 너희들은 인간의 모습으로 우리와 함께 살 수 있어. 우린 너희들을 너무 사랑한단다." 네 명의 청년들은 말했다. "아버지 어머니 우리를 그렇게 사랑하신다면 적당한 시간이 올 때까지 우리가 껍질 속에 들어있게 해주세요. 우리는 음력 12월 보름이 되면 완전한 인간이 될겁니다." 노부부는 놀랐다. "그날이 되면 부모님께서는 꽃한 다발과 촛불, 그리고 향을 들고 우리 대신에 껍질에게 제사지내 주십시오. 일단 우리가 나오고 나면 껍질은 매년 같은 날 같은 일을 할 수 있습니다. 그리고는 그 껍질은 마술이 걸려 모든 질병을 사라지게 할 것입니다." 그 말이 떨어지자 네 명의 청년들은 안녕을 고하고 그 껍질 속으로 되돌아갔다.

12월 보름이 되자 노부부는 청년들의 말을 따랐다. 그리고 청년들은 정말 사람이 되어 노부부의 아들로서 18살이 되기까지 노부부를 돌보며 행복하게 함께 살았다. 그런데 아들들은 어머니에게 4개 지역의 공주들과 결혼할 수 있게 왕들에게 선물하고 싶다며 금호박, 은박, 쌀과 참깨를 가져가게 해달라고 졸랐다. 여러 나라의 왕들은 금호박, 은박, 살과 참깨를 보자 기뻐하며 쾌히 노부부의 요청을 허락해 주었다. 이제 아들들은 왕의 부마가 되었다. 아들들은 왕의 보호아래 각 나라의 지방에서 살게 되었다. 금호박 왕자는 프아므앙럼 또는 뉴 강을 따라 영토를 차지하는 들판의 왕이 되었다. 은박 왕자는 프아 므앙화로 높은 산악지대 왕이 되었고, 검은 깨 왕자는 프아 므앙 텅, 푸샹, 푸 세드, 푸뎃카 등의 높은 지대의 왕이 되었다. 네 번째 왕자는 12개 지역 왕이 되었다.

이들 네 명의 형제가 도시들을 다스리게 되자, 금호박, 은박, 검은깨, 쌀의 껍질들은 보석광산이 되어 전국으로 흩어져 하인들이나 백성들이 장식으로 보석을 쓰게 되었다. 농사철이 되면, 왕은 들판과 농장에 나와 백성들의 농사일을 돕는다. 모든 사람들이 매년 서로 돕는 것이 관습이 되었다. 이제, 각 마을들은 호박, 박, 참깨, 여러 가지 색깔의 검고 붉은 또는 흰쌀 곡식으로 가득 찬 들판으로 번창하게 되었다.

시간이 흐르자 네 명의 왕들은 충성스런 백성들에게 도시를 건설하도록 명하였다. 노부부는 가끔씩 아들 가족과 손자들을 보러 갔다. 왕들은 사람들에게 추수한 후에 12월 보름날에 호박, 박, 참깨, 쌀 껍질에 제사지내도록 명하였다.

그 후로 라오스 사람들은 매년 추수 후에 감사 제사를 올리는 관습을 가지게 되었다. 사람들은 그런 의식을 가짐으로서 그들의 돌아가신 조상들과 친척들이 축복을 받고 행복해하며 평화롭게 된다고 한다. 이 제사에서 공양을 올리는 것은 호박, 박, 참깨, 쌀의 씨앗이며, 참깨 사래기, 쌀알, 찹쌀밥, 그리고 튀긴 쌀이다. 사람들이 아프게 되면, 말린 호박, 참깨, 쌀 껍질을 다른 곡식과 함께 섞어 신화 속의 네 형제가 말한 것처럼 치료약으로 쓴다.

2) 메콩강의 탄생설화

메콩강의 원류인 세계에서 가장 큰 호수의 하나인 쿠바 호수는 흔히 농카세 세냔으로 불린다. 부처가 탄생하기 훨씬 전에 농카세는 너무 커서 아무도 한 바퀴 돌 수가 없었다. 이 호수는 지금은 중국영토가 된 티벳에 위치하고 있으며, 한 때는 이것이 라오스의 영토였다. 티벳이 세계적으로 큰 강의 발원지가 된 것은 얼마되지 않았다. 양자강은 “난”강 아래에 있는 것이라고 생각해왔다. 호수는 깊은 숲으로 둘러싸여 있으며 큰 사철나무와 야생동물이 사는 곳이다. 호수는 연꽃 종류를 비롯한 많은 수생식물과 고기, 게, 뱀과 용의 터전이었다. 라오스 사람들은 언제나 메콩강은 농카세에서 나온 것이라고 말한다. 그리고 메콩의 물은 난강의 물과 같이 한 병에 섞을 수 없는데, 그 이유는 물이 다르기 때문에 병이 깨지거나 터지기 때문이라고 한다. 두 개의 강 이야기는 다음과 같다.

옛날에 농카세에는 두 명의 용왕이 살았다. 한 분은 수토라낙 왕이라고 불렀고 또 한분은 수바라낙 왕이었다. 두 용왕은 매우 강하여 수 천 명의 신하들을 거느리고 있었다. 두 왕들은 매우 친하게 지냈다. 해마다 그들은 서로 방문하고 여러 가지 방면으로 서로 도우고 선물도 교환하며 친하게 지냈다.

하루는 수토 왕과 그 신하들이 숲속으로 사냥을 갔는데 그는 운이 좋아 큰 코끼리 한 마리를 보게 되었고 그의 신하들이 코끼리를 잡았다. 머리카락은 적지만, 코끼리는 가장 큰 동물 중의 하나다. 수토왕은 큰 코끼리 고기 덩어리를 자기 친구 왕에게 주었다. 수바라낙 왕은 선물을 받고 기뻐하며 친구에게 감사의 말을 전했다.

3월 어떤 날, 수바라낙 왕과 군사들은 호수를 따라 사냥을 나서게 되었다. 그는 큰 동물 예를 들면 큰 사슴, 코뿔소, 코끼리 또는 물소 같은 것을 찾아보려 했지만 찾을 수가 없었다. 결국, 그는 호저(豪猪)라는 작은 동물 밖에 발견할 수 없었다. 왕과 신하들은 궁전으로 돌아와 가죽을 벗기고 자르기 시작하였다. 그때 왕은 고기를 똑 같이 나누었고 수반 왕은 친구 수토 왕의 몫으로 주기로 했다. 그 동물의 껍질과 뿔이 매우 아름다워서 왕은 이것도 함께 나누어 선물로 주었다.

고기 선물을 받은 수토 왕은 뼈와 살의 양을 비교해보고 친구가 불공평하다고 생각했다. "그 친구가 내게 왜 이렇게 하지? 그 큰 동물한데서 이정도 고기 밖에 나오지 않을까? 믿을 수가 없군." 왕이 말했다. 그는 그 선물을 받기를 거부하고 친구의 군사를 되돌려 보냈다. 그리고 왕은 개인적으로 한번 만나자고 말을 전했다. 그러나 친구의 군사가 떠나기 전에 수반의 군사가 간청했다. "임금님 이것은 호저라는 동물의 고기입니다. 이놈의 상아는 코끼리보다 크지만 몸둥아리는 매우 작습니다. 그래서 고기가 이것 밖에 안 됩니다."

그러나 수토 왕은 아직 노해서 들으려고 하지도 않았다. 수반 왕의 궁전에 도착한 군사들은 이 사실을 즉시 왕에게 고했다. "폐하, 수토왕은 폐하의 고기를 받지 않았습니다. 수토 왕은 폐하께서 내일 오시라고 합니다..."

이 말을 들은 수바라낙 왕은 "그 친구가 왜 그래? 어쨌던 내일 친구를 만나보지. 그 친구가 잘못생각하고 있을 꺼야. 내 말을 들으려고 생각하지 않겠지만, 호저가 어떤 짐승인지 모르기 때문일꺼야. 커다란 상아만 보고 코끼리보다 큰 동물이라고 생각하는 모양인데, 그 친구는 내가 진심으로 보낸 선물을 왜 몰라주지? 비록 작은 선물이지만 똑 같이 나누었잖아. 내가 그 친구보다 더 가진 게 없어. 그 친구는 고맙다는 말은 하지 않고 왜 선물을 왜 돌려보내나?"

다음날 아침이 밝자 수토 왕은 신하들을 궁중에 모아놓고 그 친구가 올 것이라고 말했다. 모든 신하들이 회의에서 의견을 말할 때 왕은 엄한 목소리로 말했다. "우리의 친구 수반 왕이 우리를 배반했기 때문에 여기에 대비해야 해! 그는 우리의 뜻을 거역했어. 그는 이 문제를 해결하러 혼자 올 거야. 여러분 모두 들어보라, 호저(豪豬)[54]라는 동물은 치아가 코끼리보다 크기 때문에 코끼리보다 큰 동물일테고 아마 세상에서 가장 큰 동물일거야."

이 말을 들은 신하들은 어느 동물이 더 큰 지 설명을 해야 했지만, 벌을 받을까 두려워했다. 그래서 신하들은 조용히 말문을 닫고 "저희들은 폐하의 말을 들을 준비가 되었습니다. 폐하."라고 말했다.

그때, 수반 왕과 그 신하들이 나타났다. 수토 왕은 비록 노했

54) 몸의 길이는 90cm 정도, 몸에 고슴도치처럼 굵은 털이 있다.

지만 친구를 반갑게 맞아들였다. 그러나 그는 만약 수반 왕이 자기 죄를 인정하지 않는다면 용서하지 않을 것이라고 생각했다. 수반 왕은 자기의 죄를 인정하지 않았다. 회의가 열리자 말자, 수토 왕은 말하기를, "친구, 나는 우리가 진정한 친구라고 생각했네. 그리고 두 사람은 진정 의견이 일치될 거라고 생각했네. 나는 자네가 왜 배신했는지 알 수가 없어."

수반 왕은 정직하지 못하다는 친구의 꾸지람을 수긍하지 못했다. 그는 친구를 믿었고 좋아했으며 자기의 진정을 맹세한다고 했다. 그러나 이 말은 수토 왕을 더 화나게 만들었고 그 말을 들으려고 하지도 않았다. 그는 신하들의 말을 들어보라고 했다.

그는, "우리 중에 누가 이기적이고 사려깊지 못한가? 내가 코끼리를 잡았을 때 몸에 털이 호저보다 작았다. 나는 친구에게 큰 덩어리를 주었는데 친구는 내게 조그만 고기만 가져왔다. 이건 불공평하잖아."

수토 왕이 말을 끝냈을 때 그의 군사들은 박수를 치며 수반 왕을 비웃었다. 분위기가 가라앉자. 수반 왕은 다시 설명했다. "제발 내 말을 잘 들어봐요. 친구여, 당신은 아직 그 호저를 아직 보지 못했잖소, 당신은 그 동물의 몸의 침이나 털 만으로 몸의 크기를 알 수가 없어. 코끼리는 큰 동물이긴 하지만 털은 매우 가늘어요. 눈도 작고, 들소나 암소들과 말도 눈은 코끼리보다 크지만 몸통은 코끼리 보다 작지 않은가? 물론 호저의 침이나 머리카락은 코끼리 보다 굵지만, 몸통은 코끼리보다 훨씬 작고 작은 새 정도 밖에 되지 않아. 제발 오해하지 말게, 우리 우정을 끊지 말게. 나는 늘 당신의 좋은 친구라고 생각해주게, 그리고 나도 당신을 항상 좋은 친구라고 생각할테니까."

아무리 수반 왕이 설명하려고 해도 수토 왕은 친구가 하는 말을 믿지 않았다. 그는 의자에서 일어나 걸어 나가 버렸다. 수반 왕은 다음에는 무슨 일이 일어날 줄 모르고 떠났다.

며칠 후, 수토 왕은 수반 왕에게 만약 아직 고집을 피운다면 공격할 것이라고 통지를 보냈다. 편지를 읽은 수반 왕은 다른 방도가 없다는 것을 깨달았다. 그래서 즉시 자기의 군사를 소집하여 수토 왕이 얼마나 어리석은지 논의하기 시작했다.

왕에게 통지가 도착한지 7일째 되는 날, 수토는 군사를 움직여 수반의 영토로 쳐들어왔다. 많은 용들이 마술적인 힘을 가지고 함께 쳐들어왔다. 그들은 너무나 빨리 움직여서 흙이 진흙탕이 되도록 쳐들어왔다. 드디어, 수반 왕은 자기 군사들에게 대적하여 싸우도록 명령하였다. 이 지역 전체가 구름과 먼지로 뒤덮였다. 하늘은 7일간 보이지도 않았다. 모든 동물들, 크건 작건, 두려움에 떨었다. 새는 날아가 버렸고 전쟁은 계속되었다. 양측은 대등하게 힘이 세어 물은 더욱 흙탕이 되었다. 생물들은 차츰 죽어가기 시작했고 그런 혼돈으로 하늘에 살던 신들도 이사를 가 버렸다. 하늘의 왕은 이 작은 동물들을 불쌍하게 생각했다. 그래서 하늘의 왕은 초자연적인 힘으로 두 친구들을 위협하는 주문을 외웠다. 드디어 그들은 싸움을 그쳤다.

신은 그들에게 명령하여 두 개의 강을 건설하도록 명령하고 그들의 행동을 반성하도록 하였다. 수토 왕은 메콩강을 호수에서부터 바다로 가도록 책임지고, 수반 왕은 난강을 만들도록 책임을 지웠다. 신은 마지막으로 수토 왕에게 호저의 크기를 납득하게 하였고 수반 왕에게 이해하도록 하였다. 그 후 두 왕은 다시 좋은 친구가 되었다. 그러나 두 강의 물은 아직 그들의 창조에 대한 증오를 잊어버리지 않고 있다.

2. 서사문학

가. 라오스의 영웅 이야기

1) 타오홍과 타오창(Thao Hung Thao Cheuang)

타오홍과 타오창은 수안 탄(또는 나콩 왕국; 오늘날 태국의 치앙라이)의 탄쿤(단군) 촘탐 왕의 아들이다. 그가 3살 되던 해, 팡담 부족이 그에게 칼과 은공을 선물하였고 나중에는 상 푸악 판캄이라는 흰 코끼리를 선물받았다. 촘탐 왕은 타오 홍이 10살 되던 해에 돌아가시고 어머니는 수안땅의 사람들과 의논하여 타오창을 임금으로 추대하였다. 타오창은 타오홍의 형으로서 므앙수안 땅의 지배자이며 타오홍은 지방장관이 되었다. 타오 홍은 자기 코끼리를 훈련시켜 군사훈련을 했고 가끔은 멀리 타고나가기도 했다. 하루는 시앙쿠아 왕국의 지배자 낭맹의 공주 낭놈을 만났다.(낭맹은 타이홍의 숙모였다.). 타이홍은 낭놈과 사랑에 빠졌다. 그래서 그는 노인들에게 부탁해서 어머니에게 결혼할 수 있도록 허락을 받아달라고 요청했다. 낭맹은 타이 홍에게 너무 많은 신부 값을 요구해서 타이 홍은 몰래 공주의 방으로 들어가 사랑을 이루려고 했다.

그때, 베트남의 므앙캄왕 지역에서 '애인카'라고 하는 왕자가 왔다. 그는 타오쿠아의 조카로서 므앙파칸 지역을 다스리고 있었다.(현재의 생쾅지역). 아버지가 돌아가시자 므앙캄왕 지역의 왕이 되었고 그때가지 그는 결혼을 하지 않았다. 그래서 그는 아름다운 처녀와 결혼하려고 했다. 애인카는 므앙 농양(오늘날 태국의 치앙센)의 왕 쿤줌의 딸인 낭와의 소식을 듣고, 사신을 보내 청혼을 했다. 그러나 쿤줌 왕은 허락하지 않았다. 더구나 쿤줌 왕은 사신에게 낭와를 자기의 조카 타오훙에게 줄 것이라고 말했다.(쿤줌은 쿤촘탐의 형이었다.)

사신으로부터 이 소식을 들은 애인카는 급히 므앙파칸에 계시는 삼촌 타오쿠아를 불러 의논하고, 사신을 쿤줌에게 보내 위협하고 만약 딸과 애인카를 결혼시켜 주지 않는다면, 그 왕국은 위태로울 것이라고 위협하였다. 이 말을 들은 쿤줌은 분노하여 즉시 사신에게 말하기를

내가 농양을 다스린 이후
너만 감히 거만한 말을 하는구나.
내 딸과 결혼하려는 자는 마땅히 같은 종족이어야 하거늘
아무도 더 이상 말을 꺼내지 말라

사신으로부터 이 모욕적인 말을 전해들은 타오쿠아와 애인카는 분노하여 군대를 이끌고 므안농양 지역을 침범하였다. 11명의 애인카의 장군들이 전쟁을 지휘하였는데; 훈방, 쿠안캐, 아이깜, 맨퐁, 커우동, 맨솜, 놋퐁, 시앙파, 타오닷, 커우콩, 그리고 아이힝

이었다.

그들이 농양으로 쳐들어가는 동안 타오쿠아는 나이맛에게 명령하여 푸툼 부족의 우두머리 사마행에게 요청하여 길을 안내하고 도와줄 것을 요청하였다. 타오쿠아는 또한, 파롯 종족의 우두머리 아이핫에게 도움을 요청하였다. 사마행과 아이핫은 그 군대의 앞장을 섰으나, 쿤줌의 동맹인 사마행과 아이핫은 쿤줌에게 연락하여 쳐들어가고 있다고 전하고 대비하라고 말했다. 적들의 계획을 들은 쿤줌은 왕국을 방어할 계획을 세웠다. 그의 지휘자들은 나이찬, 누아왓, 캄용, 사마효, 아이캇, 그리고, 사마행이었다.

쿤줌의 군대는 애인카 군대에 저항할 수가 없어서 마을 안으로 물러났다. 이때, 쿤줌은 조카 타이홍에게 사신을 보내 도움을 요청했다. 조카는 곧 군대를 이끌고 삼촌을 도우러 왔다. 그의 장군은 아이쾅, 애인콘 행파이, 쿤칸, 콘사이 그리고 차손이었다. 이때 타오 홍의 애인인 낭놈 공주는 생콰에서 20마리의 코끼리와 군대를 이끌고 타이홍을 도와 싸우러 왔다. 공주의 대장들은 쿤콴, 쿤팽, 쿤야, 사이루, 애인파이, 아이퐁, 쿤콘 그리고 타오소이였다.

농양에 도착하자 타오홍의 군대는 애인의 군대와 함께 주변에 숨어있던 적 애인카의 군대와 싸웠다. 애인카는 패배하여 뿔뿔이 흩어졌다. 싸우는 도중에 파칸의 왕자인 타오쿠아는 전장에서 전사하였고 타오 애인카는 농양의 장군인 쿤야에게 사로 잡혔다. 타오쿠아의 장군들도 죽임을 당했다. 나머지 애인카의 3만 군사들은 포로가 되었다. 도망간 사람들은 타오퐁, 훈방, 커우동, 맨레이, 맨퐁, 쿠안캐, 시앙항이었다.

이 전쟁에서 타오홍은 3천 군사를 잃었고, 전쟁이 끝날 무렵, 타오홍은 3국의 군대 수안땅, 생콰, 옹양의 3국 군대와 함께 적들을 국경밖으로 몰아내었다. 타이홍의 군대는 5월 달에 낭와 공주와 함께 고향으로 돌아올 때 낭암카는 생쾅까지 따라왔다. 낭와 공주는 팡혼 파쿠멧이라는 코끼리를 타고 낭암카는 인콩이라는 코끼리를 몰았다. 거기서부터 타이홍은 군대를 이끌고 훈방군대의 코끼리들이 있는 타용파롯으로 들어갔는데 훈방은 여기서 도망쳤다. 타오홍은 팡담 부족들이 살고 있는 푸툼까지 진격하여 므앙파칸까지 들어갔다.

다음날 아침, 타이홍과 그의 군대들은 시앙반을 공격하였다. 그 지방 역사에 의하면 시앙반에는 50만의 주민들과 천마리의 코끼리가 있었다고 한다. 국경은 캔(크메르)에 있는 시톰, 호(라오스 농세 지역)이었다. 시앙반은 그날 아침에 함락되었다. 장군 커우팽, 타오닷, 맨홍은 잡혔다. 커우학은 코끼리 등에 타고 므앙파칸으로 도망가 타오쿠아의 아내에게 마을을 방어하라고 말했다. 타오쿠아의 아내는 코끼리를 타고 군대를 지휘하여 타오홍의 군대와 사우다가 전사하였다. 타오홍이 므앙파칸을 함락한 뒤 그는 귀족과 장군을 생쾅 14개 지역을 다스리도록 임명하여 부족들의 움직임을 감시하도록 했다.

a. 쿤야는 큰 곡창지대 들판을 다스리고 코끼리 공물을 책임진다.

b. 애이콘은 시앙반 들판을 다스리고 교역을 풍성하게 한다.

c. 콘사이는 콩툰 곡창지대를 다스리고 농산물의 생산을 더 거두도록 한다.

d. 팍침(서부) 곡창지대인 파롯지역은 낭맹에게 할애한다.

e. 이전에 커우깜이 다스리던 나캄 들판은 사이루에게 준다.
f. 파탐의 들판은 아인파이에게 준다.
g. 맨루안 들판은 마노이에게 준다.
h. 맨화이 들판은 농양이 다스린다.
i. 생쾅의 코코넛과 땅콩이 생산되는 곡창들판은 낭와에게 준다.
j. 동찬 들판은 낭암카에게 준다.
k. 캄왕 들판은 아이콴에게 준다.
l. 중국국경의 동쪽 커우학 들판은 공물을 바치는 지역이다.
m. 방빙 강에 있는 들판은 푸앙 삼촌에게 준다.
n. 마을 외곽의 들판은 차손에게 준다.

타오홍은 타오쾅을 므앙파칸 지역의 지배자로 임명하고 그의 임무가 끝나자 군대를 이끌고 시앙반을 거쳐 농양으로 돌아왔다. 10일 후 그는 집으로 돌아 왔는데, 도착하자마자 그는 어머니 낭촘에게 므앙 파칸지역의 국영인 생쾅지역의 지배자가 되어 달라고 요청했다. 타오홍은 농양 지방을 17년간 다스렸고 낭놈은 타오캄홍이라는 아들을 임신하였다. 그가 농양을 다스리는 동안 다음의 외국 사신들이 공물을 바쳤다.

a. 농세지역의 호나이
b. 툼왕지역의 파야 화환
c. 중국 황제
d. 므앙파코, 마앙난, 그리고 므앙 차와
e. 마앙파이의 지배자와 크메르와 루

나중에 타오 애인카의 총사령관이었던 훈방은 툼왕왕궁의 파야 화환으로 도망가 피난을 간 훈방은 파칸 영토를 공격하는 저

항군이 된다. 파칸 지역의 지배자인 아이쾅은 타오홍에게 정보를 제공하고 즉시 군대를 툼왕으로 보내 훈방을 정복하였다. 거기서 타오홍의 사신 쿤콘은 파야 화환과 훈방과 타오힝의 포위에 대해서 협상하였으나 파야화환이 거부하였으므로 두 사람은 궁중에서 도망가기를 권했으나 협상이 결렬된 이후 타이홍은 툼왕을 공격하기로 결정한다.

파야화환은 공격을 막아낼 힘이 없었기 때문에 그는 맨솜을 타오홍에게 보내 항복했다. 그러나 타오홍은 적군을 믿지 않았기 때문에 이 협상안을 거절하였다. 그는 툼왕국을 정복하기로 결정했다. 따라서 파야화환은 군사 2명을 보내 카롱 왕국의 탄로에게 도움을 요청했다. 툼왕과 카롱 지역은 거리가 멀어서 수레로 15일이나 걸리는 지역이다. 도착하여 탄로는 군대를 타오홍과 싸우러 피비린내 나는 전쟁터로 보냈지만 대부분의 그의 군대는 죽임을 당하였고 대부분의 장수들도 죽었다. 그래서 그는 므앙 파칸 지역으로 후퇴하여 아이청과 쿤줌(그의 장인)에게 소식을 전하여 응원군을 보내주도록 요청했다. 전쟁은 매우 치열해서 타오홍의 장수 가운데 한 사람인 아이푸앙은 그가 마지막 살아남은 장수가 되지 않을까 염려하여 몰살당하지 않을까 두려워했다. 그래서 그는 자기 어머니 낭춤과 아이들 가운데 타오 캄콩, 타오 캄홍, 타오홍의 아들을 농양으로 보내도록 허락을 요청했다. 한편 타오홍은 전장에서 죽을 때까지 싸웠다.

그 지방이 역사기록은 그가 죽고 난 후, 타오홍의 혼이 귀신 군대의 사령관이 되었다고 전한다. 그는 므앙 카키우를 지나 탄 왕국을 공격하였다. 그의 중요한 장수들 중의 한 사람인 애인콘은 므앙화(하늘에 있는 탄의 도시)로 가는 길을 물으러 타이앵에게 갔다. 전해오는 말로, 그들은 원숭이 사다리를 타고 갈 수밖에 없었으며, 탄의 도시인 므앙 리안판으로 향하는 린캄 강에 도착하였다. 므앙판을 정복한 후 타오홍의 귀신 군대들은 인드라의 빛나는 나라로 이끌었다. 탄롬의 므앙콩툰에서 그 도시의 지배자는 공물을 바쳤다. 므앙카마에서 탄누랑은 탄홍에게 공물을 바쳤다. 그가 다른 탄의 지방을 지나자 모든 사람들이 나와서 공물을 바쳤다. 이들 탄의 도시 지배자에는 탄타오, 탄맹, 탄코카이, 탄투앙, 탄황, 탄목, 탄리, 탄롬 그리고 탄솜이 있다.

한편, 타오창(타오홍의 형), 쿤줌, 타오캄홍, 그리고 타오캄홍은 농양으로 군대를 이끌고 가서 프아화환을 다시 공격했다. 드디어 프아화환은 죽고 농양의 지역은 툼왕에게 정복당했다.

2) 파댕낭아이(Phadaeng Nang Ai)와 로켓 축제

이 파댕낭아이 이야기는 라오스 사람들의 생활에서 생생하게 잘 알려진 이야기이다. 해마다 “로켓 축제(*Bun Bangfai-噴放火*)”에서는 프야탄 신에게 비를 내려 달라고 기원하는 이야기로 전해온다.

로켓 축제는 왜 열리는가?

전통적으로, 로켓 축제는 음력 12월에 한다. 이것은 오랫동안 전해 내려오는 행사로 매우 중요한 의미를 가진다. 이 행사는 라오스 사람들이 가뭄과 싸워 비를 기원하는 행사이자 친목을 도모하는 행사의 상징이기도 하다.

오늘날 비의 신에 대한 믿음은 옛날보다는 약하지만, 라오스 사람들은 추수가 시작되기 전에 중요한 행사의 하나로 로켓 축제를 계속한다. 로켓을 준비하기 전에 불교적인 행사로 스님이 예불과 축복을 하는데 공손한 늙은 스님이 행사를 집전한다.

로켓 축제는 비의 신 아웃신에게 비를 기원하는 기호를 제공하는 것이다. 옛날부터 믿어 온 바에 의하면, 땅이 건조하고 농부들이 논과 밭에 물이 부족하면, 농부들은 로켓 축제를 벌인다. 로켓이 하늘에 치솟으면 비의 신이 모심기하는 계절이 왔구나 하고 깨닫게 된다고 믿고 있다. 사람들은 비가 필요하고 비의 신인 탄이 비를 내려 준다는 것이다.

이 축제에 관해서는 두 가지 이야기가 전해온다. 하나는 *프아 칸칵(두꺼비 왕)이고 또 하나는 파댕낭아이*이다.

3) 프아 칸칵(Phya Khankhaak, 두꺼비 왕)

옛날에 부처님이 태어나시기 전에 부처가 되기 위한 덕을 쌓기 위해서는 여러 번 환생을 태어나야만 했다. 그 환생과정의 하나로 부처는 프아 칸칵(두꺼비 왕)으로 태어났다.

덕을 쌓고 자비를 베풀기 위해 모든 인간들과 동물들이 그를 존경했다. 이 존경스런 인물의 소식은 비의 신에게도 전해져서 비의 신이 질투를 하고 부끄러워했다. 두꺼비왕의 명예를 떨어트리기 위해 비의 신은 8년 8개월 동안 비를 내려주지 않았다. 백성들은 곡식을 기를 물도 없고 사용할 물도 없었다. 수많은 약한 사람들과 동물들이 죽었다. 오직 강한 사람만 살아남았다.

살아남은 사람들은 비를 내려달라고 비의 신인 탄과 싸우기로 했다. 나가 왕과 그의 나가 또는 신화적인 부하군대가 자원해서 비의 신과 싸우러 지원했다. 이 전쟁에서 나가 왕과 그의 나가 부하들은 많이 부상당했다. 부상이 치료되자, 나가와 뱀의 몸둥아리는 여러 가지 색깔로 변했다. 꿀벌 왕과 그 군대들도 전쟁을 치루었다. 싸움은 몇 날이 걸렸고 수많은 벌들이 죽었다. 벌의 왕과 군사들은 나가 군대와 같은 운명을 맞이하였고 온몸의 색깔이 다양하게 변했다.

다른 동물들은 모두 겁이 났다. 드디어 두꺼비 왕은 전선으로 나가 3 가지 멋진 전략을 구상하였다. 첫 단계로 그는 흰개미를 시켜 비의 신과 그 군사들의 칼자루를 파먹는 것이고, 두 번째 단계는 그는 전갈의 왕과 그 군사를 하늘로 보내서 스스로를 땔나무에 숨기고 언제든지 왕과 왕비의 옷을 파먹을 준비를 하였다. 비의 신과 그 군사들이 일어난 아침에 땔나무를 가지고 갈 때 그리고 옷을 차려 입을 때 깨물자는 것이다. 그들이 칼의 손잡이를 파먹으면 모든 칼자루가 부서질 것이고 아무 쓸모없이 될 것이다.

세 번째 작전은 두꺼비 왕이 군사들에게 싸우라고 명령하는 것이다. 비의 신의 군사들이 전갈과 싸우느라고 괴로우면, 싸울 의지가 별로 없을 것이다. 그들이 무기를 가져온다고 해도 아무런 쓸모가 없을 것이다. 두꺼비 왕은 말위에 올라타고 비의 신의 뒤를 쫓았다. 드디어 비의 신은 포획되고 꽁꽁 묶였다. 두꺼비 왕은 승리자가 되었다. 그들은 비의 신을 체포한 뒤 평화조약을 체결하였다.

평화조약은 다음과 같은 조항으로 성립되었다. :

1. 로켓은 땅위의 사람과 하늘의 사람들 간에 통신 수단으로

사용된다. 매년 우기가 오기 전에 땅위의 사람들은 로켓을 준비하고 하늘로 쏘아 올려 비의 신에게 곡식을 기를 들판에 비가 필요하다는 것을 알린다.

2. 개구리 소리는 비가 이미 오기 시작했다는 신호가 되며 비가 오면 개구리는 소리를 내지 말아야 하며, 이것은 충분한 비가 와서 곡식을 기를 만 하다는 것을 알린다.

3. 연과 피리 소리는 추수 계절이 다가왔다는 것을 알린다. 더 이상 비가 필요 없다는 신호이다. 비의 신이 그 소리를 들으면 왕은 비를 그쳐야 하고 다음 해 로켓이 올라 올 때까지 기다려야 한다.

4) 타오 파당 낭아이(Thao Phadeng-Nang Ai)

옛날에 프아 콤 왕이 므앙 농핸의 티카나콘 지역을 다스렸을 때 사람들은 행복했다. 불행하게도, 비가 8년 8개월 동안 오지 않았다. 이때는 정말 힘든 시기였다. 사람들과 동물들이 죽어갔고 비의 신은 노여워해서 비를 내려주지 않았기 때문에 땅은 메말랐다.

여기에 대항해서 푸아콤은 사람들을 시켜 로켓을 하늘에 쏘기로 하고 시합해보자고 결정했다. 시합에서 이긴 사람은 왕국의 절반을 차지하고 낭아이 공주를 얻게 된다고 약속했다.

이 축제의 소식은 온 나라 안에 퍼졌다. 타오 싱히안 왕, 시앙다 왕, 그리고 므앙 송 왕들은 사람들을 모아 축제에 참가하도록 했다. 여기에 참가한 왕들은 파퐁왕국의 타오 파댕이었다. 모든 사람들은 낭아이 공주를 아내로 마지하려고 승리자가 되려고 하였다.

타오 팡키(나가 왕의 아들)은 이 소식을 듣고 공주의 미모에 반하여 사랑에 빠졌다. 그는 축제에 참가하기로 결정했다. 그는 목에 금색을 두른 다람쥐로 변신하였다. 매일 밤낮으로 팡키 다람쥐는 낭아이 공주의 궁전에 있는 무화과나무에 살짝 올라갔다. 낭아이가 그 모습을 보고 그를 좋아하여 자기 애인으로 삼고자 했다.

로켓 시합이 벌어지는 날이 다가왔다. 많은 로켓들이 발사되었고 어떤 것은 잘 올라가는 반면, 어떤 것은 그 자리에 주저앉았다. 샹히안의 로켓은 하늘로 치솟아 가장 높이 올라갔다. 그러나, 파댕의 로켓은 부서졌다. 프아콤의 로켓은 3일 밤낮을 발사장에 놓여 있었다. 낭아이는 샹히안의 아내가 되어야 했고 마을의 절반은 그에게 분배되어야 했다. 그러나 낭아이는 파댕과 사랑에 빠져 그녀는 매우 슬퍼했다. 낭아이는 사냥꾼에게 말해서 다람쥐를 잡아달라고 부탁했다. 사냥꾼은 다람쥐를 산채로 잡을 수가 없어서 화살을 사용하기로 했다. 다람쥐는 땅에 떨어져 죽었다. 다람쥐는 죽기 전에 신에게 빌었다. “제발 나의 살이 8개의 수레에 가득 차게 만들어서 모든 사람이 먹을 수 있게 해주십시오. 그 고기를 먹는 사람은 나처럼 죽을 것입니다.”

그가 죽고 난 후 마을 사람들은 그 과부를 제외하고는 모두 고기를 나누어 먹었다.

나가 왕이 타오 팡키가 죽었다는 말을 들었을 때, 그는 매우 노했다. 그는 군대를 보내서 농핸을 쳐부셨다. 거기서 과부들을 제외하고는 모두 죽었다. 왜냐하면 그 과부들은 다람쥐고기를 먹지 않았기 때문이다.

농핸 사람들은 이 재난을 해결하기 위해 의논을 했고, 파댕이 말을 타고 낭아이를 구하러 갔다. 그러나 이미 낭아이는 다람쥐 고기를 먹었기 때문에 그들은 낭아이를 구할 수 없었다.

또 다른 이야기 *파댕 낭아이*

*파댕 낭아이*는 파댕 왕, 아이캄 공주, 나가의 왕자 팡키 간의 비극적인 사랑의 3각 관계 이야기다. 이 이야기는 고대 크메르 왕국의 액티타 왕과 시다 왕비 사이의 아이캄 공주에 관한 것이다. 그녀는 파퐁 시의 파댕 왕과 사랑에 빠졌다. 그들의 비밀의 사랑은 아무도 알지 못했다. 파댕 왕은 크메르 왕이 주선한 로켓 축제 시합에서 졌다. 이 때 나가 왕자 팡키는 아이캄 공주를 짝사랑하게 되었다.

로켓 축제 기간 중에, 그는 젊은이로 변장하고 공주의 아름다움을 훔쳐보았다. 나중에 그는 목에 방울을 단 다람쥐로 변장하였다. 다람쥐를 본 아이캄 공주는 애완동물로 가지고 싶어 했다. 그러나 그녀는 사냥꾼에게 독화살로 쏘라고 명령했다. (이것은 아이캄과 팡키의 과거 카르마라고 하는 전생에 업보 때문에 잘못된 것이라고 한다.) 다람쥐는 죽었지만 그의 고기가 달콤하고 맛이 있어 많은 사람들이 먹을 수 있게 해달라고 말했다. 그래서 아이캄 공주는 마을에 있는 사람들에게 모두 나누어 먹도록 주었다. 그러나 단지 과부는 빼고 고기를 나누어 주었는데 그 이유는 왕의 군대에 복무할 남편이 없기 때문이었다.

나가의 왕 수토가 그의 아들이 크메르 사냥꾼에 의해 죽었다는 것을 알자, 그는 나가 군대를 이끌고 크메르왕국을 쳐들어갔다. 특히 다람쥐고기를 먹은 사람들을 죽였다. 다람쥐고기를 먹지 않은 사람들만 살려두었다. 파댕은 이 소식을 듣고 사랑하는 애인 아이캄 공주를 구하려고 했지만, 헛수고였다. 나가 왕은 자기의 외투를 던져 공주를 싸서 끌어내려 바단, 즉 나가 마을에 살게 했다. 파댕은 목숨을 끊었다. 그는 귀신왕이 되어 귀신군대를 이끌고 바단에 있는 아이캄 공주를 위해 싸웠다. 전쟁이 계속되자 인드라가 와서 싸움을 중지시키고 모두들 프라 시안 부처님 앞에 와서 기다리도록 명령하고 아이캄 공주를 누구에게 줄지 판단했다.

대부분의 사람들은 나가 팡키 왕자는 파댕 왕자보다 늦게 왔기 때문에 아이캄 공주에 대한 권리가 없다고 한다. 그러나 이야기하는 사람은 벙어리를 팡키의 카르마 즉, 전생의 인연과 이야기하며 관련짓는다. 그는 전생에 암카로 태어나 아이캄 공주와 결혼했다. 그러나, 그 생에서 암카는 이름만 결혼했다. 그는 공주의 전생과 친하게 지내고 싶어 하지 않았으며 그가 아내를 데리고 부모님을 뵈러 다른 마을로 갔을 때, 그는 무화과 나무에 버려두고 갔다.

암캄은 숲 한가운데 버려진 아내를 강가로 데려왔다. 그녀는 고맙다는 절을 하고 자기를 버린 남자가 다음 생애에서 그녀를 버린 업보를 벙어리로 받을 것을 바랐다. 그래서 나가의 팡키 왕자는 벙어리로 태어났고, 아이캄 공주는 사냥꾼에게 화살을 쏘라고 명령한 것이다. 팡키는 아이캄 공주의 궁전 무화과 나무 아래서 죽었다고 한다.

5) 바챙과 마롱(Bachieng and Malong)

옛날에 참파나콘에 예쁜 공주를 가진 왕이 살았는데 공주의 이름은 마롱이었다. 이들이 사는 도시 근처에 두 부족이 살았는데 한 부족은 라오텅 족이고 다른 하나는 라오룸 족으로 낮은 지대에 살았다.

공주가 결혼할 나이가 되었을 때, 두 청년이 공주를 사랑하게 되었는데 바창은 라오텅 족의 우두머리였고, 그는 매우 부자였다. 그러나 그는 별로 인물이 없었다. 참파삭은 라오럼 사람으로 가난했지만 잘생기고 친절하였고 용감하였다. 더 중요한 것은 그도 공주를 사랑했다는 점이다. 그러나, 왕비는 딸이 부자인 바창에게 시집가기를 바랐다. 그래서 그녀는 결혼을 시키려고 했다. 참파삭은 마롱을 깊이 사랑하고 있었다. 그는 공주가 바창과 결혼한다는 말을 듣고 낙심하여 공주를 생각하며 남쪽으로 짐을 싸고 떠났다. 그 후 결혼날짜가 다가오자 공주는 매우 낙심하였다. 공주는 사랑하지 않는 중매결혼을 피해 도망갈 궁리를 하였다.

바창의 집은 메콩강 왼쪽에 있었고 마롱 공주의 궁에 도착하려면 하루밤낮이 걸리는 거리였다. 바창의 집에서는 부잣집에다가 예쁜 공주와 결혼한다는 말을 듣고 잔치가 벌어졌다. 바창은 스스로 말하기를:

"내가 잘났어, 나는 나중에 왕이 될거야."

결혼 이틀 전 신랑 측에서는 마지막 결혼 잔치준비가 끝난 신부의 집으로 향했다. 결혼이 이루어질 그날 아침 새벽이 되자 아직 날이 어두웠다. 궁전의 작은 문이 열리고 작은 모습이 나타났다. 그것은 마롱 공주였다. 공주는 급히 남쪽으로 빠져나가 참파삭을 따라 영원히 바창을 잊어버리려고 했다.

바창과 그 일행이 궁전에 도착했을 때, 마롱공주는 아무리 찾아봐도 없었다. 그리고 바창은 그녀가 참파삭에게로 도망간 것을 알았다. 그는 슬픔을 이기지 못하고 생명을 끊었다. 그가 죽은 자리에는 좋은 산이 있었다. 오늘날, 바창 산은 잘생긴 참파삭을 따라간 마롱공주를 사랑한 청년의 이름을 기리는 것이 되었다.

6) 왕자산과 공주산(Phu Phra, Phu Nang)

시앙망 마을 가까운 메콩강 오른쪽에 루앙프라방 반대편에 두 개의 산이 있는데 "푸 푸라 또는 왕자 산" 그리고 "푸 낭 또는 공주 산"이 있었다. 이 두 산은 사람이 서로 등을 지고 누워 있는 산으로 보인다.

두 산에 대한 이야기는 옛날부터 전해져 내려온다.

옛날 아내와 12명의 딸을 둔 가난한 나무꾼이 살았다. 이들은 너무나 가난하여 하루는 자식들을 숲에다 내버렸다. 딸들은 숲을 헤메다가 강희라고 하는 딸을 둔 마귀할멈를 만났다. 이 마귀할멈은 이 딸들을 데려와 자기 딸들과 함께 길렀다.

이 딸들은 다 자랄 때까지 그 집에서 살았다. 하루는 이 딸들이 도망을 가려고 했다. 마귀할멈은 딸들을 찾으러 나섰다. 그녀가 딸들을 잡으려고 할 즈음에 딸들은 황소왕의 입속에 숨었다. 마귀할멈은 딸들 찾기를 포기하고 집으로 돌아왔다. 12 딸들은 여행을 계속했다. 이들이 어떤 도시에 다다랐을 때, 왕이 이 딸에게 사랑을 느끼게 되고 12 딸들과 결혼을 하게 되었다.

마귀할멈은 그 12 딸들이 왕과 결혼하게 된 것을 알고 매우 노하여 복수를 하기로 마음을 먹었다. 그녀는 예쁜 처녀로 변장을 하고 왕을 만나러 갔다. 왕은 그녀를 사랑하여 왕비로 삼았다.

얼마 지나지 않아 왕비는 아픈 척하였다. 그녀는 아무것도 먹지 않고 점차 창백하고 여위어 갔다. 그때 왕비는 점쟁이에게 부탁하여 자기의 병에 대해서 알아보도록 왕에게 청하였다. 그리고 그녀는 점쟁이로 변장하고 왕의 사신을 기다려 물어보게 하였다. 그녀는 12명의 딸들이 왕비를 아프게 한 원인이라고 설명했다. 왕에게 12명의 딸들의 눈을 빼고 쫓아내 달라고 하였다. 그렇지 않으면 왕비는 죽게 된다고 하였다. 왕은 이에 찬성하고 12 딸들의 눈은 왕비의 딸 강희에게 가지라고 주어버렸다.

그때 왕의 12 아내들은 임신을 하였다. 이 딸들은 아무것도 먹지 못하게 굴속에 가두어 져버렸다. 딸들은 너무 배가 고파서 딸들이 아이를 낳는 대로 잡아 먹어버렸다. 마지막 딸은 다행하게도 한쪽 눈이 남아있었다. 그녀는 아이를 먹을 수가 없었다. 그녀는 자기의 몫을 다른 언니들에게 주고 자기가 낳은 딸이라고 말했다. 막내딸의 아들은 겨우 살아남았다.

나중에 야생수탉이 그들과 함께 살기 위해 와서 그 딸들에게 곡식을 주어 딸들은 살아났다. 12번째 딸의 아들이 성장하자 막내딸은 언니들에게 자기의 아들이 살아있다고 말했다. 하루는 아들이 어머니와 이모를 떠나겠다고 말하고 야생수탉을 가까운 마을로 데려가 싸움을 시켰다. 해가 지자, 마을 아이들이 찾아와 12명의 딸들에게 음식을 가져다주었다.

얼마 후 소년은 궁전에서 벌어지는 닭싸움에 참가하기 위해서 궁전으로 갔다. 그 소년은 아주 훌륭한 닭싸움꾼이 되었다. 그래서 왕은 그 소년을 보자고 했다. 왕이 소년의 가족에 대해서 묻자 소년은 12 딸의 막내의 아들이라고 했다. 왕은 이 소년이 자기의 아들인 것을 알게 되었고 소년을 궁전에 살게 하고 이름을 푸타센이라고 불렀다. 이 아들은 매일 음식을 몰래 가져다가 어머니와 이모들에게 가져다주었다.

마귀가 그 소년의 정체를 알게 되자 그 소년을 죽이려고 결심했다. 그녀는 다시 아픈 척 했다. 그녀는 왕에게 "내게 꼭 맞는 약은 내 고향마을에 있는데 그 약을 가져올 수 있는 사람은 푸타센 뿐입니다." 라고 말했다. 그래서 왕은 왕비의 소원대로 소년을 보내 약을 구해오도록 했다. 푸타센은 여행에 필요한 좋은 말을 달라고 요청하였다. 그가 떠나기 전에 마귀는 그 소년에게 편지를 주고 말했다: "이 편지를 내 딸 강희에게 전해라, 그녀는 너에게 많은 것을 줄 것이다."

푸타센은 편지를 말의 목에 꼭 묶고 여행을 시작했다. 얼마 후 그는 피곤하여 절에 머물게 되었다. 그와 말이 곧 잠에 빠져들었을 때, 수행자가 와서 편지를 보았다. 그 편지에는: "강희야, 내 딸아, 이 청년이 가거들랑 즉시 이 청년을 잡아 죽이라. 그는 우리의 적이다."라고 적혀 있었다.

수도자는 젊은이를 불쌍하게 여겨 편지를 다시 썼다. "이 청년은 왕자다. 그리고 너의 남편이 될 사람이다. 부디 그를 잘 대접하라."

젊은이가 강희에게로 갔을 때 그녀는 편지를 열어보았다. 그녀는 매우 기뻐하여 그 청년이 잘생겼기 때문에 남편으로 맞이하였다.

나중에, 그녀는 그를 궁전 마당에서 많은 이상한 레몬과 같은 것을 보여주었는데 거기에는 12 딸들의 눈알이 보관된 곳이었다. 그리고 마귀의 심장도 보관된 곳이었다. 푸타센은 이 모든 것을 보고 매우 기뻐하여 어머니와 이모들의 눈알을 가지고 달아날 수 있는 길을 찾아두었다.

하루는 그가 아내에게 큰 연회를 열자고 말하고 모든 하인들을 초대하여 즐기도록 잔치를 베풀었다. 그는 아내와 하인들에게 취하도록 마시게 하고 잠들게 했다. 모두가 깊은 잠에 빠졌을 때, 청년은 눈알들을 집어오고 마귀의 심장, 그리고도 마술 레몬 그리고 기타 이상한 것들을 가져왔다. 그리고 그는 말을 타고 그 밤으로 빠져 나갔다. 강희와 하인들이 깨어나 남편이 달아난 것을 알게 되자, 그는 그를 찾기 시작했다. 푸타센은 그것을 예상하고는 마법물건들을 길에 던져 놓았다. 그 마술 물건들은 뾰족한 대나무 장애물이 되었다.

하지만, 결국 그녀와 하인들은 이 대나무 장애물을 뚫고 따라오기 시작하였다. 그때 그는 다른 마법 약을 던져 커다란 강이 되게 하였다. 강희는 강을 건널 수가 없었다. 강희는 울면서 다시 돌아올 것을 애원했지만, 그러나 그는 돌아오지 않았다. 결국 강희는 포기하고 푸타센을 잃은 것을 슬퍼하며 아무것도 먹지 못하고 잠도 못자 아파 드러눕게 되었다. 그녀는 곧 죽었다. 죽기 전에 그녀는 푸타센을 원망하며:

"당신은 나처럼 사랑을 위하여 죽을 수 있나요?"

한편, 푸타센은 자기 마을로 돌아왔다. 그는 어머니와 이모들에게 눈을 돌려주고 마술 레몬을 짜서 눈에 뿌려주자 12 딸들은 눈을 뜨게 되었다. 어머니와 이모들은 다시 세상을 보는 기쁨을 누리게 되었다.

푸타센이 다시 아버지의 궁전으로 출발하게 되었는데 사악한 마귀는 강희에게 그를 죽이라고 했는데 살아 돌아온 것을 보고 분이 나서 놀랐다. 그가 어떻게 살아 돌아왔을까? 그녀는 분이 풀리지 않아 예쁜 왕비로서의 모습을 잃어버렸다. 그녀는 다시 마귀의 모습으로 돌아가게 되었다. 그녀는 푸타센에게 분풀이를 하려고 죽이려고 했다. 그러나 그가 마귀의 심장을 찌르자 마귀는 즉시 죽고 말았다. 그 후 청년은 어머니와 이모들을 궁전으로 모셔와 살게 하였고, 그는 궁전을 떠나 자기의 아내 강희에게로 돌아갔다.

아내에게 도착한 프타센은 슬프게도 아내가 이미 죽은 것을 알게 되었고, 아내에 대한 사랑에 벅차 참을 수가 없었다. 그는 쓰러져 그의 아내의 발 밑에 머리를 맞대고 죽었다.

그때 하늘의 신들은 강희와 같은 이야기가 다시는 있어서는 안 된다고 생각하고 여자들이 남자들을 믿지 못하게 하였다. 따라서 신들이 내려와 푸타센의 몸을 돌려 등을 맞대게 하였다.

고대 라오스 사람들의 이 이야기는 사람들에게 대대로 전해 내려온 이야기로 강희의 몸과 푸타센의 몸이 서로 등을 대고 돌아누운 모양의 산으로 푸 프라 푸낭 즉, 왕자 산과 공주 산이라고 이름지었고 지금도 두 산은 서로 등을 대고 누워 있다.

3. 우화

가. 민간설화

1) 대장쟁이

대장쟁이는 벌건 불앞에서 쇠로 칼을 만드는 사람이다.

"*팽, 팽, 팽,*"

"나는 너무 불행한 사람이야 . . . 난 대장쟁이가 되고 싶지 않아!" 라고 불평했다.

그때 그는 저 산에 큰 돌이 서 있는 것을 보았다.

그리고 산들바람이 때때로 불어와 "윙윙" 소리를 내었다.

"내가 저 돌이라면 너무 행복할 텐데."

그대 어디선가 전능하신 신 데바타(*devata*)가 나타나 말하기를,

"만일 네가 그것을 원한다면 내가 되도록 해 줄께."

데바타는 주문을 외웠다.

"*옴 피앙!*"

대장쟁이는 산위에 있는 돌이 되었다.

그리고 바람소리는 그 대장쟁이 주위에서 "윙, 윙, 윙" 불어댔다.

"난 이제 너무 기분이 좋아,"

그는 언제나 행복했다. . . .

"아야, 아야 이게 뭐야?"

그는 돌 주변을 둘러보았더니 한 석공이 망치와 정으로 돌을 쪼고 있었다. 그는 다시 불평했다.

"당신은 왜 이런 짓을 하나요? 난 슬퍼요 . . . "

대장쟁이는 석공을 보고 말했다.

"내가 석공이 될 수 있다면 좋겠는데."

갑자기 데바타가 나타나 말했다.

"만약 네가 원한다면 되게 해주지."

데바타는 주문을 외웠다. "*옴 피앙!*"

대장쟁이는 석공이 되어 있었다. 그리고 바람이 주변에 불어왔다. "*윙, 윙, 윙*". . .

"난 행복해," 그는 생각했다.

그는 쪼아대는 돌을 보고 즐거워했다.

그런데 그는 쪼을 돌을 더 이상 찾을 수 없었다.

그래서 그는 불평하며 다시 말했다.

"이건 너무 커! 이건 너무 작아!"

햇빛은 너무 강해, 그리고 대장쟁이는 너무 피곤했다. .

그래서, 그는 소리쳤다.,

"난 너무 불행해. . . 난 석공이 되고 싶지 않아."

그때 그는 해를 보고 말했다.

"만약 내가 해가 디고 싶다면 난 행복할 텐데."

갑자기 데바타가 또 나타나 말하기를,

"만일 네가 되고 싶다면 되게 해줄께."

데바타는 주문을 외웠다. . . .

"*옴 피앙!*"

대장쟁이는 해가 되었다.

그는 아침에 비치는 해가 되어 너무 행복했다. 그리고 바람은 주변에서 불어대었다.

"윙, 윙, 윙" . . .

"난 너무 행복해," 그는 생각했다.

그러나 한참 후에 그는 덥다고 느끼게 되었고 자꾸 더 더워지기 시작했다.

그래서 그는 소리쳤다.

"난 불행해 . . . 난 더 이상 해가 되고 싶지 않아."

그대 그는 하늘에 달을 쳐다보게 되었고 말하기를,

"만약 내가 달이라면 행복할 텐데", 갑자기 데바타가 나타나 말했다.

"만약 네가 그렇게 되고 싶다면 되게 해주지."

대바타는 주문을 외우기 시작했다. .

"옴 피앙!"

대장쟁이는 달이 되었다.

그는 밤에 쳐다보는 달이 되어 너무 행복했다. 그리고 바람은 주변에서

"윙, 윙, 윙" 불어왔다.

"난 너무 행복해," 그는 생각했다.

그러나 곧 그는 너무 춥다고 느꼈다.

그는 소리쳤다,

"난 너무 불행해 . . . 난 달이 되고 싶지 않아."

대장쟁이는 자기가 대장쟁이일 때 얼마나 더웠는지 생각하게 되었다.

그리고 그는 말했다, "만약 내가 대장쟁이가 된다면 난 행복할

거야."

갑자기 데바타가 나타났다.

"만약 네가 그렇게 되기를 원한다면 해주지."

데바타는 주문을 외웠다.

"옴 피앙!"

달이 되었던 대장쟁이는 다시 대장쟁이가 되었다.

그러나 이제 그는 지구에서 쇠를 두드리는 것이 아니라 달에서 두드리는 사람이 되어 있었다!

그는 달에서 쇠를 두드렸다.

그리고 거기는 매우 추웠다. 그는 뜨거운 불 앞에서 매일 쇠를 두드리지 않으면 안 되었다. 만약 여러분이 달을 쳐다본다면 달 속에서 쇠를 두드리는 대장쟁이를 볼 수 있을 것이다. "*팽 팽 팽*" . . .

이제 그는 덥지 않을 것이다.

2) 까마귀와 공작새

옛날에 까마귀와 공작은 서로 친구였다. 매일 그들은 같이 일하러 가거나 놀았다. 그때까지도 까마귀와 공작은 흰 깃털을 가지고 있었다. 하루는 밝고 빛나는 꽃 들판에서 놀게 되었다.

"이봐, 공작친구.

너 이처럼 아름다운 색깔의 옷을 입어보지 않을래?"

"나는 멋있다고 생각해 까마귀야, 난 단조로운 흰색이 싫어."

그러자 까마귀가 한 가지 생각을 했다.

"우리 몸에 색칠을 하면 어떨까?

넌 내 털을 칠해주고 난 너의 깃털을 칠해주면 되잖아!"

공작은 좋다고 했다.

그래서 다음날, 까마귀는 공작새의 깃털을 칠하기 시작했다. 그는 가장 아름다운 색깔을 칠했다. 그는 공작의 가슴과 머리를 멋진 청색으로 칠했다. 공작의 꼬리털을 칠하면서 그는 멋진 그림을 그리게 되었다. 그는 커다란 무늬로 빛나는 눈처럼 꼬리를 그렸다. 까마귀는 친구를 위해서 오랜 시간동안 색칠을 했다. 까마귀가 칠을 마쳤을 때, 공작이 꼬리를 펴보고 으쓱거리며 돌아보았다 그는 모든 사람들에게 나가서 자기의 아름다운 털을 자랑하고 싶었다.

"자 이제 나를 칠해 줄 차례야" 까마귀가 말했다.

그러나 공작은 까마귀를 그려 줄 시간이 아까웠다. 그는 그냥 검은색 물감을 한 통 가져와 까마귀 머리에다 부어 버렸다.

"자 이제 됐어, 이거야."

그리고 공작새는 자기의 깃털을 으쓱거리며 세상을 돌아다녔다. 그래서 까마귀는 오늘날에도 까맣게 못나고 공작은 잘 생기게 되었다. 공작은 자기만을 위해서 너무 이기적으로 사는 것이 분명하다.

3) 개와 돼지

옛날에 농부가 개와 돼지를 길렀는데 개는 농부의 일을 도왔다. 하루는 농부가 마을로 내려가게 되었다. 그래서 그는 개와 돼지에게 말하기를

"자, 내가 마을로 내려가야 하니 너희 둘은 밭을 갈고 내가 돌아오기 전까지 다 끝내도록 해라."

돼지와 개는 들판으로 갔다. 그들은 들판에 도착하자 돼지가 말했다.

"이건 큰 들판이야. 내가 절반을 하고 다음에 네가 절반을 하면 되겠지?

돼지야 네가 먼저 하렴, 네가 끝나면 내가 할께."

개는 이제 낮잠을 자고 돼지는 들판을 부지런히 갈기 시작했다.

"영차, 영차, 영차" . . .

돼지가 절반을 끝냈을 때 돼지는 개를 불렀다. :

"개야, 난 절반을 끝냈어, 이제 네가 할 차례야."

"오, 돼지, 네가 들판을 더 갈 수 있겠어? 난 머리가 아파."

개는 계속 잠을 자고 돼지는 거의 끝날 때까지 들판을 계속 갈았다. 그리고는 그는 개에게 다시 가서.

"개야, 난 거의 다 마쳤어 몸이 좀 어때?"

"오 돼지야, 네가 계속 들판을 갈아 줄래? 난 배가 아파."

개는 계속 자고 돼지는 들판이 다 끝나도록 계속 밭을 갈았다. 그때 돼지는 개에게 가서 다시 말했다.

"개야, 내가 모든 것을 끝냈어. 몸이 좀 어때?"

"끝났다고? 이제 몸이 좀 괜찮은 걸. 너는 어때?"

"나는 피곤해 죽겠어," 돼지가 말했다.

"이제 네가 낮잠을 좀 자지 그래? 나는 운동을 좀 할 테니까."

그래서 돼지는 낮잠을 자고 개는 해가 지도록 들판을 달려가며 놀았다.

"돼지야 일어나 어둡기 전에 집에 가자."

그들이 집에 왔을 때 농부가 물었다. "너희들 밭을 다 갈았느냐?"

"예" 돼지가 말했다.

"제가 일을 다 했어요. 아버지, 저는 아프고 온 몸이 쑤셔요" 개가 말했다.

"뭐라고? 내가 일을 다 했는데." 돼지가 말했다. "개는 아무 일도 하지 않았어요. 재는 내가 깨울 때가지 하루 종일 잠만 잤어요."

돼지와 개는 다투기 시작했다. 농부는 성을 내고 말하기를

"그만 싸워. 이제 들판으로 가서 알아보자.

가장 마지막까지 일을 한 놈이 들판에 발자국이 남겠지."

그래서 그들은 모두 들판으로 갔다.

"봐요. 아버지, 제 발자국을 봐요." 개가 말했다.

개의 발자국이 여기저기 있었다.

"내 발자국은 어디 있지?" 돼지가 물었다.

"그래, 네 발자국은 어디있지, 돼지야?

돼지야, 넌 일을 하지도 않았군. 이제부터 넌 왕겨나 먹고 진흙구덩이에 자거라.

개야, 넌 잘했어, 넌 이제 쌀도 먹고 내가 먹는 것 무엇이나 먹고 내 집에 자거라."

그 때부터, 돼지는 겨를 먹고 진흙 속에 자게 되었다.

그리고 개는 쌀밥을 먹고 집에 자게 되었다.

4) 매미(The Cicada)

옛날에 매미가 '맴맴'하고 울었는데 잠꾸러기 올빼미에게는 그

소리가 꼭 '올빼미를 잡을 꺼야' 하는 소리 같아서 '혹삭, 혹삭' (라오스어로는 *창을 던질거야 창을 던질거야*.)하고 울었다. 이 소리에 놀란 사슴은 나무 아래서 어떤 사람이 자기에게 창을 던지는 걸로 생각했다. 사슴은 놀라서 도망을 가서 참깨 줄기를 걷어찼는데 이것이 들꿩의 눈에 맞았다. 눈이 먼 꿩은 땅의 개미집을 마구 긁어댔다. 놀란 개미는 달려 나가 뱀의 배를 물었다. 아픔을 참지 못한 뱀은 나무 덩굴을 깨물었다. 그러자 나무덩굴은 카멜레온의 새끼 머리 바로 위에 떨어졌다.

카멜레온이 사자한데로 가서, "제발, 정글의 왕이시여 뱀이 저 나무줄기를 깨물어 그 줄기가 내 새끼 머리에 떨어졌습니다."

사자는 뱀에게 즉각 달려갔다. 거기서 사자가 물었다. "넌 왜 나무 덩굴을 물었느냐? 그게 떨어져 카멜레온 새끼 머리에 떨어졌잖아?" "오 제발 사자님, 개미가 저의 배꼽을 물었어요. 그래서 아파서 가까이 있는 것을 깨물었지요," 뱀이 대답했다.

사자는 즉시 개미에게로 달려갔다. 거기서 사자가 물었다, "넌 왜 뱀의 배꼽을 물었느냐? 그러니까 뱀이 나무줄기를 물게 되었고 나무줄기가 카멜레온의 새끼 머리에 떨어졌잖아?" "오, 사자님, 꿩이 내 집을 긁어댔고, 그래서 내가 놀라 내 옆에 있는 것 아무거나 물었지요." 개미가 대답했다.

사자는 즉시 들꿩에게 달려갔다 거기서 사자가 물었다. "너는 왜 개미의 집을 긁었느냐? 그래서 개미가 뱀의 배꼽을 물게 되고, 뱀은 나무줄기를 물게 되고 나무줄기는 카멜레온 새끼 머리 위로 바로 떨어지게 되었잖아?" "오! 사자님, 사슴이 참깨 줄기를 차서 참깨 씨앗이 내 눈에 떨어지고, 내가 눈이 보이지 않게 되었지요. 그래서 내가 개미의 집을 긁게 되었어요." 들꿩이 대답했다.

사자는 즉시 사슴에게 달려갔다. 거기서 사자가 물었다, "너는 왜 참깨 줄기를 차게 되었느냐? 그래서 참깨 줄기가 들꿩의 눈에 맞아 앞이 안보여 개미집을 긁게 되고, 개미는 뱀의 배꼽을 물게 되었고, 뱀은 나무줄기를 물게 되고, 나무줄기는 카멜레온 새끼 머리에 떨어지게 되었잖아? "오! 사자님, 올빼미가 울기를 혹삭 혹삭(*창을 던질 거야, 던질 거야*) 울어서, 제가 놀라 뛰어나가다가 앞에 있는 것 아무거나 차게 되었습니다."

사자는 즉시 올빼미에게 달려갔다. 거기서, 사자가 물었다. "너는 왜 혹삭혹삭(나는 창을 던질 거야, 던질 거야) 울었느냐? 그래서 놀란 사슴이 뛰어나가다가 참깨 줄기를 건들이고 참깨 씨앗이 들꿩의 눈에 들어가고, 눈이 먼 꿩은 개미의 집을 긁고, 개미는 뱀의 배꼽을 물고, 뱀은 나무줄기를 물고, 나무줄기는 카멜레온 새끼 머리에 떨어지게 되었잖아?" "오! 사자님, 매미가 울면서 그물을 던져 저 올빼미를 잡을 거야 하니까 제가 놀라서 제가 방어하는 뜻으로 혹삭 혹삭(창을 던질 거야, 던질 거야) 울었습니다."

사자는 즉시 매미에게 달려갔다. 그리고, 사자가 물었다. "너는 왜 맴맴하고 우느냐? 그래서 올빼미가 방어수단으로 혹삭 혹삭(나는 창을 던질 거야, 던질 거야) 울고, 그래서 놀란 사슴이 뛰어나가다가 참깨 줄기를 건들이고, 참깨 씨앗이 들꿩의 눈에 들어가고, 눈이 먼 꿩은 개미의 집을 긁고, 개미는 뱀의 배꼽을 물고, 뱀은 나무줄기를 물어뜯고, 나무줄기는 카멜레온 새끼 머리에 떨어지게 되었잖아?" "오! 사자님, 그건 내가 늘 울어라고 배워온 방식입니다." 매미가 대답했다.

그래서 사자는 말하기를, "아, 이제 이 모든 일의 원인을 알겠구나! 바로 매미 네가 바로 카멜레온의 새끼를 죽인 놈이구나." 그리고 사자는 "매미에게 벌금을 매겨 처벌해서 우리 모두에게 한을 풀자."고 말했다.

놀란 매미가 말하기를, "오! 제발 사자님, 저는 드릴게 아무것도 없습니다."

사자는 "그래 그럼 우리는 너의 내장을 빼먹을 거야."

그 이후로 매미의 내장은 텅 비었다.

5) 노래하는 귀뚜라미

인드라 왕은 어떤 날 밤 "*용, 용, 용*"하는 아름다운 노래 소리를 들었는데 그는 너무 기뻐서 노래하는 가수에게 상을 주려고 했다. 그래서 그는 신하들에게 "너희들은 어제 밤 나에게 아름다운 노래를 한 사람을 찾아오너라. 나는 그 아름다운 노래 소리를 한 번 더 듣고 싶구나."

그래서 신하들은 성 밖에 공포를 하였다. "어제 밤 아름다운 노래를 한 사람은 누구든지 앞으로 나오시오. 인드라 왕께서 노래를 더 듣고 싶어 하신다."

객꼬(gekko)란 놈이 앞으로 나와서 말했다. "어제 밤에 아름다운 노래를 부른 사람은 바로 저 올씨다."

"그럼 오늘 밤 임금님 앞에서 네가 노래할 기회를 주겠으니 무엇을 준비해 주어야 할지 말해 보아라." 신하가 말했다.

"오, 커다란 대나무 파이프를 구해서 그것을 인드라 왕의 기둥 옆에 놓아주십시오." 갯꼬가 말했다.

밤이 되기 전에 모든 준비가 되었다. 밤이 되자, 갯꼬는 대나무 파이프 속으로 기어들어가 노래를 하기 시작했다. "톡톡톡, *딱딱딱.*"

인드라 왕은 "오! 너는 아주 노래를 아름답게 잘 불렀구나. 내가 상으로 나의 윗옷을 주지."

밤이 되자 임금님은 또 아름다운 노래 소리 "*옹, 옹, 옹,*" 하는 소리를 들었다. "내가 어제 밤에 들은 소리는 아름다웠지만 이 소리 하고는 다른데." 그래서, 그는 신하들에게 말했다, "너희들 내가 아직 아름다운 노래 소리를 듣는 것을 아느냐? 객꼬가 내게 와서 부른 노래 소리하고는 다른 것 말이야. 가서 가수를 찾아서 내게 데려와."

그래서 신하들은 같은 내용을 또 공포했다. "어제 밤 아름다운 노래를 한 사람은 누구든지 앞으로 나오시오. 인드라 왕께서 노래를 더 듣고 싶어 하신다."

황소개구리가 앞으로 뛰어나와서 말했다. "어제 밤에 아름다운 노래를 부른 사람은 바로 저 올시다."

"그럼 오늘 밤 임금님 앞에서 네가 노래할 기회를 주겠으니 무엇을 준비해주어야 할지 말해보아라." 신하가 말했다.

"오, 커다란 그릇에 물을 준비해서 임금님의 계단 밑에 두어주십시오." 황소개구리가 말했다.

밤이 되기 전에 모든 준비가 되었다. 밤이 되자, 개구리는 그릇 속으로 들어가 노래를 하기 시작했다. "*개굴, 개굴, 개굴*"

인드라 왕은, "오! 너는 아주 노래를 아름답게 잘 불렀구나. 내가 상으로 나의 외투를 주지."

밤이 되자, 인드라 왕은 또 "*용, 용, 용,*" 하는 아름다운 노래 소리를 들었다. "어제는 아름다운 노래 소리를 들었는데 이것과는 달랐어." 그래서 그는 신하들에게 "너희들 아름다운 노래 소리가 아직 들리는 걸 들었지? 갯꼬가 하는 소리와는 다른 것 말이야. 가서 아름다운 노래 가수를 찾아와."

이번에는 신하가 노래하는 귀뚜라미 맹 누안(*Maeng Nguan*) 앞을 지나게 되었다. 신하들은 "네가 어제 밤 아름다운 노래를 불렀느냐?"

"예, 제가 했습니다. 왜 물으시는 거죠?" 귀두라미 맹 누안이 말했다.

"오!, 인드라 임금님께서 어제 밤 그 노래 소리를 다시 한 번 듣고 싶어 하신다. 와주겠니?"

"예, 가겠습니다." 노래하는 귀뚜라미 맹누안이 말했다.

"그럼 오늘 밤 임금님 앞에서 네가 노래할 기회를 주겠으니 무엇을 준비해주어야 할지 말해보아라." 신하가 말했다.

"오! 아무것도 필요 없어요. 제가 살짝 임금님의 방의 기둥 앞에 가서 노래를 부를 테니까요." 귀뚜라미가 말했다.

밤이 되자, 귀뚜라미는 임금님의 방으로 들어가 노래를 하기 시작했다. "*용, 용, 용,*"

인드라 왕은 너무 기뻐서 맛있는 하늘의 음식을 상으로 주고 전능한 눈을 주어 밤낮으로 잘 볼 수 있게 했다. 그래서 귀뚜라미는 보통 음식은 먹지 않고 하늘의 이슬만 먹게 되었다.

6) 개가 다리를 들고 오줌 누는 이유

옛날에 개는 다리가 3개 있어 불행했다. 다른 4개 다리를 가진 동물처럼 빨리 달리지도 못하고, 높이 뛰지도 못하고 그래서 그는 전능하신 하늘의 인드라 왕에게 가서 네 번째 다리를 달라고 말했다.

"전능하신 임금님 다른 동물들처럼 저에게 네 번째 다리를 주십시오."

인드라 임금님은 "그래 왼쪽 다리가 없구나. 일찍 나에게 온 모든 동물들에게는 다리를 네 개 주었는데, 너는 너무 늦었어, 개야."

"오, 인드라 임금님, 다리를 주십시오. 네 번째 다리가 없으면 땅으로 내려가지 않겠습니다." 개가 단호하게 말했다.

"내게는 너에게 줄 여유분 다리가 없으니 너에게 줄 다리는 없다. 이제 남은 다리라고는 내 의자 다리밖에 없구나. 네가 졸라대니 내 의자 다리를 하나 가져 갈테냐?" 임금님이 말씀하셨다.

"예 감사합니다. 임금님 이제 저는 다른 동물들처럼 뛸 수도 있고 달릴 수도 있게 되었습니다." 개가 말했다.

"개야, 이제 너는 내 의자 다리를 가지게 되었으니 깨끗이 쓰도록 잘 명심하여라. 거기에는 절대 흙을 묻히지 마라." 임금님이 명령하셨습니다.

"예, 알겠습니다." 개가 약속을 했습니다. "제가 오줌을 눌 때에는 저는 네 번째 다리를 들고 깨끗하게 하겠습니다."

나. 교훈적인 이야기

1) 임금님 불롬 라자티랏

부롬 왕 이야기는 두 개의 세계에서 시작된다. 하나는 땅 또는 하늘의 신성한 존재 (어떤 때는 이 존재가 *phi* (귀신)이라고도 한다.), 또 다른 하나는 당위의 인간이다. 당시에 하늘의 신성한 신들과 인간들은 서로 왕래하면서 살았다. 이들은 인간들의 지도자 푸 랑성(Pu Langxoeng), 쿤칸(Khun Khan) 그리고 쿤 켓(Khun Khet) 세 사람이었다. 이들은 므앙 럼(Muang Lum; 낮은 지대)에 서로 자기의 영토를 만들었다. 그들은 사냥을 하고 낚시를 하며, 쌀을 재배하고 먹고 살았다. 탄은 세 명의 임금들에게 사신을 내려보내 다음과 같은 내용의 지시를 따르도록 말했다:

kin khao hai bok nai	밥을 먹거든 임금님께 말해라.
kin ngai hai bok kae thaen	아침밥을 늦게 먹거든 탄에게 말해라
kin sin ko hai song kha	동물의 고기를 먹거든 그 다리를 보내라
kin pa ko hai song hoi hai thaen	물고기를 먹거든 약간은 탄에게 보내라

사람들은 탄의 말을 무시했다. 그래서 탄은 두 번째로 사신을 보냈다. 그러나 사람들은 역시 탄의 지시를 무시했다. 세 번째는 므앙럼에 거대한 홍수를 보내서 많은 사람이 죽게 했다. 세 명의 인간 지도자들은 탄의 노여움이 원인이라고 믿고 뗏목을 만들어 아내와 아이들을 태우고 탄을 만나러 하늘로 갔다. 탄은 다음과

같은 말을 하고 다른 하늘사람들과 살도록 보냈다.

su bo yi ci bo thao	존경을 받지 못하면 너는 절대 노인이 될 수 없다.
su bo yam cao ci bo yuen	두려워할 줄 모르면 절대 오래 살 수 없다.
su bo fang khwam a-yu su bo mi thoeng song hoi khuab	나에게 복종하지 않으면 200 살까지 절대 살 수 없다.

홍수가 끝나고 세 명의 인간 왕들은 탄을 공경하러 가서 다시 인간 세상에 내려 달라고 간청했다. 탄은 들소에게 아름다운 뿔을 주고 나 노이 오 누(*Na noi oy nu* (Muang Thaeng-현재 월남의 디엔비엔푸)[55] 로 보냈다. 3년 후 들소가 죽자 코에는 3 개의 거대한 박이 솟아났다. 푸랑성[56]은 박 속에서 시끄러운 소리가 나는 것을 들었다. 그래서 그는 불에 달군 쇠막대로 구멍을 뚫었다. 그 구멍에서는 많은 사람들이 나왔다. 쿤 칸은 쇠 정을 사용해서 다른 구멍을 내었는데 거기서는 더 많은 사람들이 나왔다. 모든 사람들이 나오는데 3일 이상이 걸렸다. 첫 번째 구멍에서 나온 사람들은 두 개의 무리를 이루었는데, 하나는 '타이 롬'이고, 다른 하나는 '타이 리'이다. 두 번째 구멍에서 나온 사람들은 세 개의 무리를 이루었는데: '타이 로', '타이 렁' 그리고 '타이 쾅'이다.

처음에는 사람들이 어떻게 살아야 할지 몰라서 푸랑성은 사람

55) 이 지역은 십송파나(12개의 나라) 지역이라고 부르기도 한다.
56) '푸'는 사람을 뜻한다.

들을 가르쳐 남편과 아내가 되고 집을 짓도록 가르쳤다. 그는 노인을 공경하도록 가르쳤고 제사를 지내도록 가르쳤다. 타이롬과 타이리는 죽은 다음에 호장을 하도록 가르쳤고, 다른 무리에게는 매장을 하도록 가르쳤다. 무덤에는 깃발을 꽂고 작은 움막을 지어 산 사람이 쌀밥과 물을 가져와 영혼에게 드리도록 했다.(이런 풍속은 한국의 풍속과 너무나 같다.) 움막을 지을 수 없는 사람들은 집에 이런 목적의 장소를 마련하도록 했다.

그들은 돌아가신 분의 혼이 와서 식사를 하도록 했다. 당시의 사람들은 3백살이 될 때까지 살 수 있었다. 사람들이 자꾸 많아지자 푸랑성, 쿤랑[57], 그리고 쿤켓에게는 벅찼다. 그래서 그들은 탄에게 가서 도움을 요청했다. 탄은 '쿤카'와 '쿤콩'을 따라 보냈다. 그러나 그들은 매일 술만 취해서 별로 하는 일이 없었다. 원래의 세명의 인간 지도자들은 다시 칸에게 가서 도움을 청했다. 칸은 쿤 카와 쿤 콩을 소환하고 쿤 부롬라차티랏 또는 쿤부롬을 보냈다. 쿤부롬은 많은 학자들과 현자들을 데리고 왔다.

그런데도 아직 문제점은 있었다. 그래서 쿤 부롬은 사신을 탄에게 보내서 도움을 요청했다. 이번에는 탄께서 사신을 보내 채소를 심는 법과 과일을 심는 법을 가르쳐 주었다. 또 사람들은 옷을 짜는 법과 연장을 사용하는 법을 배웠다. 그리고 사신은 사람들이 해야 할 것과 하지 말아야 할 것을 가르쳤다. 이제 사람들이 스스로 살 수 있게 되자, 칸은 사람들에게 이제 다시는 하늘로 오지 말라고 말했다. 그리고 그는 하늘로 오는 다리를 부숴

57) 쿤(Khun)은 우리나라의 임금 또는 큰 남자를 말하는 군(君)과 같은 뜻이다.

버렸다.

얼마 후, 박 넝쿨이 너무 자라나 해를 가렸다. 쿤부롬은 많은 사람들에게 넝쿨을 잘라버리라고 명했으나 아무도 그 일을 하려하지 않았다. 드디어 그는, 노인부부 푸녀와 야녀를 보내어 나무를 잘라버리도록 했다 노인들은 자기의 목숨을 바쳐 나무들을 잘랐다. 나무를 자르기 전에 노인부부는 사람들에게 자기를 기억하도록 모든 행위에 자기 이름을 부르도록 요청했다. 그래서 "*nyoe*" 라는 말은 라오스어의 동사에 붙여진다. 사람들이 먹을 때 "낀 녀(*녀 할머니 할아버지 잡수세요*)"

거대한 넝쿨이 잘려나가자 인간 세상은 다시 번성하게 되었다. 나중에 쿤부롬은 두 명의 아내 '낭 욤팔라'[58]와 '낭 엣캉'에서 7명의 아들을 두었는데, 7명의 공주를 며느리로 맞아 들였다. 그 후 그는 아들에게 평화롭게 세상을 다스리는 법을 가르치고 며느리들에게도 좋은 왕비가 되는 법과 좋은 아내가 되는 법을 가르쳤다. 그리고 그는 많은 재물을 일곱 아들과 신하들 그리고 사람들에게 나누어 새로운 나라의 법을 지키도록 남겨 놓았다.

쿤부롬의 7 왕자들은 여러 나라로 흩어졌는데 '쿤 로'는 차와(루앙프라방), 란상, 시앙동과 시앙통으로 보내졌고; 이 므앙 파랑은 농세로 보내졌고; 중사왕은 므앙 커우렁 또는 므앙 파칸으로 보내졌으며; 사이퐁은 므앙 유안야오로 보내졌으며; 뉴인은 므앙 시다요타야로 보내졌고; 로콤은 사앙콤으로 그리고 젯청은 므앙푸안으로 보내졌다.

아들들이 자기 영지로 떠나기 전에 부룸 왕은 중요한 말을 전

58) '낭'은 여자를 뜻하는데, 한자로 표기하면 낭(娘)과 같다.

달하였다. "너희들은 다른 형제들과 싸우지 마라. (각자는 자기의 지역만 지켜야 한다). 다른 나라를 침략하지 말라. 너희들은 오랜 왕국의 법을 지켜야 한다. 형들은 이미 다 잘 번창했으니 욕심을 내어 동생들의 영토를 침략하지 말라. 그렇지 않으면 너희들은 머지않아 불행을 초래하게 되리라. 동생들에게는 나는 너희들이 번창하기를 빈다. 너희들은 형들에게 잘 있다는 안부를 전해라. 만약 다른 사람의 물건이나 사람이 오거든 원래 주인에게 돌려주어야 한다. 너희 것이 아닌 것은 절대 갖지 마라."고 일러주었다.

이 말을 잘들은 아들들은 도시에서 평화롭게 살았다. 쿤부롬은 나라들을 잘 다스렸고 나중에 쿤부롬의 법이라고 부르는 여러 가지 법과 명령을 계속해서 내려 보냈다. 쿤 부롬 왕이 돌아가신지 얼마 되지 않아 아들들은 왕가의 장례식을 치루어 왕을 추모했으며, 두 왕비가 돌아가신 후에는 일곱 형제는 친구가 되기로 맹세를 하고 자기들이 물려받은 땅에 법률로 남겨 두었다.

4. 연구와 해설

이 타오홍-타오창의 현대적인 서사는 다양한 학문적 배경을 가진 신인 연구자들의 협력적인 연구 노력의 결과이다. 라오스의 현재 역사와 서사 연구팀의 리더는 두앙드완 분야봉이며 그는 라오스 고대문학의 유명한 연구자이며 저술가로 국제적으로 라오스 고대문학의 경험 많은 전문가로 알려져 있다. 솜파, 비키삭,

라오스 국립대학의 란상 문학영역의 강사이다. 통캄 인소는 유명한 현대 시인이자 저술가, 그는 라오스 문화공보부에서 발간하는 국립 문예잡지 Wannasin의 대표 편집자이다. 그는 지난 10년 동안 타오홍-타오창 서사의 팀 리더로서 일해 왔다. 두 사람의 선배 자문으로는 마하 분욕 세네순톤이다. 그는 고대 라오스 언어와 문학의 전문가이며 "야자잎 기록의 보존 프로그램" 자문위원이다. 아찬 솜마이 프렘치씨는 태국의 치앙마이 대학의 사회연구원의 조교수로 있다. 특별연구자로는 잘 알려진 라오스의 저술가 다라 칸나야 오틴 분야봉이 있다.

루앙프라방의 시앙통 사원에 그려진 벽화

5. 고구려 유민과 라오스 전설

라오스와 태국 등의 소수민족 라후족을 연구한 김병호 박사의 연구에는 아래와 같은 내용이 있다.59)

고구려가 망한 것이 서기 668년인데 고구려 멸망 후 유민들은 멀리 산시(山西)성, 쓰촨(四川)성, 간쑤(甘肅)성 등지에 끌려가 막노동에 종사하거나 변방 민족(거란, 토번, 말갈, 돌궐족)을 막는 변방수비대에 편입됐다. 세월이 흐르면서 다른 지역으로 끌려갔던 고구려 백성들은 모두 한족화(漢族化)가 되었는데, 오직 강족과 이웃하고 살았던 농우지역의 고구려 백성들은 10-13세기 중국의 서남쪽 운남지역으로 이주했다. 이 사실은 오늘날 운남성에서 거주하는 이족, 강족의 기록과 라후족의 구전과 일치한다. 즉, 고구려 유민의 후손들인 라후족은 고구려 옛 영토 마메 무메(?) - 하북성 동남부(삐핑) - 내몽고(천혜) - 청해성 서부(농우) - 운남성(대리)의 경로로 이동해왔음이 확실해 보인다.

라후(호랑이를 기르는) 종족 이름은 그들이 포로로 붙들려 가서 정착한 이후에도 고구려의 예족(濊族)처럼 사당안에 호랑이 그림을 붙여놓고 숭배했으므로 중국 사람들이 이를 빗대어 불렀던 것이 오늘날 종족 명칭으로 정착해 버린 것이다.

그러나 그 가운데서 주체성이 강했던 일부 고구려 사람들은 서남쪽으로 이주를 해서 오늘날 운남성과 미얀마(버마) 서북부 일대에서 살고 있다고 생각해 볼 수 있다. 왜냐하면 청해성, 감숙성의 농우지역에서 고구려 유민들과 이웃하고 살았던 강족(羌

59) 김병호, 소설 치앙마이 참고.

族) 일부와 또 자기네들의 종족적 기원을 같은 강족에 두고 있는 이족(夷族)들도 운남성으로 이동해서 살고 있기 때문이다. 미얀마 서부 살윈강 중하류에서 살고 있는 카렌족들마저도 자기네들의 종족 기원을 강족에 두고 있는 것을 보면 어느 땐가 농우지역으로부터 중국 서남부로의 대규모 민족 이동이 있었음이 확실하다.

그래서 오늘날에도 고구려 사람들과 오랫동안 이웃하고 살았던 이족의 언어, 풍속, 농사법 가운데는 우리 민족의 것과 유사한 것들이 많이 발견되는 것이다.

그럼. 그들이 언제 농우지역에서 중국 서남부 운남지역으로 이주해 왔느냐가 풀어야할 다음 과제이다. 그들이 한결같이 티벳에서 이주해 온 것으로 말하는 것을 보면, 당시 청해성, 감숙성, 신장 위그르 일대가 티벳의 세력권에 있었던 10~13세기 무렵에 민족 이동이 있었다고 쉽게 추측해 볼 수가 있다.

그럼. 강족 곁에서 살았던 고구려 유민들은 어찌 되었을까? 농우로 유배되었던 고구려 유민에 대해서 우리나라와 중국 측 기록이 더 이상 없으므로, 이제는 고구려 유민이었을 개연성이 높은 라후족이 어떤 경로를 통해 민족적인 엑소더스를 했을까 하는 문제를 라후족 편에서 추적해 보기로 하자. 라후족과 거의 동시대에 운남성 일대로 이주해 왔으리라고 추측되는 이족은 자체 문자가 있어 일부 기록이 남아 있지만, 라후족은 기록해 둔 것이 없다. 더욱이 몇 십대를 살아오는 동안 인멸되어 남은 것은 오직 빈약한 구전(口傳) 뿐이다. 라후족 구전의 대부분은 시가(詩歌)의 형태로 되어있다. 그 내용을 보면 중국 군대와 처절한 싸움을 담은 서사시적인 것이 많은데 그것이 사실이라면 라후족은 수 백년 동안 중국 군대와 싸우며 쫓겨 다니는 과정에서 그들의 역사와 문화를 잃어버렸을 것이다. 그러나 그들의 구전 중 다음의 것은 그들의 종족적 기원을 밝히는데 주목할 만하다.

라오스의 하늘을 밝히는 시 'sky-lightning poem'

ວ່າຈັກ ດັ້ນກິບຟ້າຍັງຝັ່ງ ຈັກກະວານ	*Wa cak dan keep faa yang fang cakkawan*
ຄິຄູ່ ຕົວຄາງຄາວຄັ່ງຕາຍ ຕກໄມ້	*Kue khuu tua khang khaow khang tai tok mai*
ໜູຈັກ ສ່ງສະການໃຫ້ມາຫອນ ເຫັນປີກ	*Nuu cak song sa kaan hai maa huan hen piik*
ນກເລ່າໄດ້ດູຫ ນາ ກໍ່ໃຊ່ເຮົາ	*Nok lao dai duu naa ko xai hao*
ຕກຄິກເບື້ອງຫິນຝ່າຍ ສະເທີນເຂີນ	*Tok khiik buang hon fai sa thoen khoen*
ຫວັງຈັກ ກຽວກົມຝັ້ນມາເກີນ ການຫ່າງ	*Wang cak keiw kom fan maa koen kaan haang*
ຊັກຊ່ອງຊີ້ຖວາຍໄວ້ ແວ່ນໃຈ	*Sak song sii thawai wai waen cai*

Wajuppa Tossa씨가 번역한 영문을 한국어로 번역하면 다음과 같다.

나는 우주를 찾기 위해 하늘에 외치고 싶다.
I wish to soar to the sky to find the universe.
나는 마치 나무에서 떨어져 죽은 박쥐같다.
I am like a dead bat fallen from a tree.
쥐들은 죽은 박쥐의 날개를 보았기에 장례식에도 오지 않았다.
The mice won't come to the bat's funeral for they sight its wings;
새들도 자기들과 얼굴이 다르다고 오지 않았다.
The birds won't come either for the bat's face differs from them all.
박쥐는 어떤 종에도 속하지 않는 괴기한 동물이 되었다.
The bat becomes a puzzling creature not belonging to any specie.
내가 너와 함께하고 싶지만, 장애물이 있다.
I wish to be united with you but, there is a barrier
그건 오직 당신이 허락해야만 없앨 수 있다.
That can be removed only with your approval.

[라후족의 원거주지는 마메 무메이다. 중국과 싸워 패해서 포로가 되어 뻬핑, 천혜를 거쳐 농우로 끌려와서 살았다. 현재 운남성, 미얀마, 태국 북부에서 살고 있는 라후족은 모두 다 농우에서 이주해온 사람들이다]

그럼. 라후족의 구전에 나오는 지명들이 오늘날 어디인가 알아보자.

(1) 마메 무메

마메 .... 알 수 없다. 아마도 고구려때 평양에 마읍산(馬邑山)이 있었던 것으로 보아 마읍산(馬邑山) 앞 들(평야) 가 아니었을까 ?

무메 .... 알 수 없다.

(2) 뻬핑 .... 당시의 북평군(北平郡), 오늘날 하북성 란하동쪽, 진황도시 서쪽, 당시 고구려의 서쪽 국경

(3) 천혜(天內) .... 내몽고 남부

(4) 농우(農右) .... 청해성 청해호(青海湖) 동남부, 당시의 농우도는 오늘날 신장 위그르 전역 및 감숙성 일부 포함

그들의 구전에 내려오는 이동경로와 정착지를 보면 그들 조상이 중국과의 전쟁에 패해서 붙잡혀 온 곳은 고구려 땅일 수밖에 없다. 라후족의 출발지점(마메 무메)가 어딘가 불확실 하지만. 그들이 고구려의 서부 국경지대 이였던 뻬핑(北平郡)을 경유했고, 서쪽으로 천혜(天內)를 거쳐 정착해서 살았던 곳이 바로 보장왕

과 함께 반란을 일으키려 했던 고구려 백성들이 끌려와 정착했던 장소 농우(農右)와 정확히 일치하기 때문이다. 이와 같은 사실은 후세에 기록한 라후족의 역사서도 분명히 밝히고 있다.

[.... 所以古歌中的江西應是今青海湖반的江西]
(...그러므로 옛 노래에 나오는 강서라는 곳은 지금의 청해호 서쪽을 이른다)

라후족이 고구려 유민들의 후예라면 운남성으로 이동하기 전에 농우에서 적어도 3~6 백년 동안 살았을 것이다. 그 후 라후족은 이웃하며 살았던 강족(후에 이족)과 함께 서남방으로 이동해 왔을 것이다. 그래서 오늘날 라후족의 의식 속에는 당나라 포로가 되어 오랫동안 대를 이어 살았던 유배지 농우(農右)가 자기네들의 옛 고향으로 기억되어 있는 것이다. 더우기 오늘날 라후족이 사용하는 언어의 문법은 90% 이상, 그리고 풍속도 언어에 버금갈 정도로 우리와 같을 뿐만 아니라 그 가운데서도 세계적으로 우리민족에게서만 발견되는 색동옷, 씨름, 호랑이 숭배, 소도(蘇塗)와 제천의식은 물론 정선 아리랑 가락을 부르고, 또 체질인류학(體質人類學)적으로 유전자와 체형이 우리민족의 것과 같은 것을 보면 그들이 바로 고구려가 망한 후 농우지역으로 끌려갔던 고구려 유민의 후예들이 아니라고 부정할 수가 없다 (라후족(拉祜族)의 기원(起源)에 관한 연구; 소설 치앙마이-김병호 참고)

제IV부 라오스의 문화와 예술

1. 음식

가. 음식예절

라오스 사람들은 좋은 성격과 인내심 그리고 친절하게 대하는 태도는 세계적으로 평이 나있다. 불교는 이 나라의 주된 종교로 여러 가지 형식으로 영혼들을 숭배한다. 아침마다 불교 스님들이 아침 공양하러 시내를 줄지어 다니는 모습을 볼 수 있다. 이러한 의식으로 보아 음식은 라오스에서 중요한 종교적인 실천이라고 볼 수 있다.

가정에서 식사를 할 때, 라오스 사람들은 매우 느긋하고 편안하게 형식을 갖추지 않고, 바쁘거나 겉치장 없이 식사를 한다. 이러한 인상은 라오인의 집을 우연히 방문하는 사람에게 주는 공통적인 인상이다. 그러나, 사실상 이러한 편안한 분위기는 놀라울 정도의 형식적인 과정을 거친 다음에 가능한 것이다. 그는 이러한 과거의 형식이 옛날 세대의 오랜 전통적인 개념이고 오늘날의 현대적인 젊은이에게는 친숙하지 못한 전통이기도 하다(하지만 아직도 몇 가지 식탁 예절은 남아있다.).

평범한 가정식단

간단히 말해서, 라오스 생활에서 두 가지 중요한 개념은 위신이라고 말할 수 있는 piep(위신)와 영양공급을 위한 식사라고 하는 lieng(식사), 이 두 가지가 결정적인 의무라고 할 수 있다. 이 두 가지 개념은 음식에도 적용된다.

실제로, 가족이 식사를 할 때 아버지와 어머니가 가정의 최고의 위치에서 첫 숟갈을 든 다음, 나이 순서에 따라 식사를 하는 것이다. 첫 숟갈 '맛보기'가 끝나면 식사는 모두에게 자유롭지만 규칙을 따라야 하는데 예를 들면, 누구와 동시에 먹어서는 안 되며 윗분의 앞을 지나가서는 안 된다. 이 경우 그는 위신을 잃는 사람이 된다.

손님도 같은 규칙을 지켜야 하는데, 이에 덧붙여 만약 손님이 초대한 주인이 먼저 시식하기 전에 먹기 시작하면 그는 전혀 위신이 없는 사람이 된다. 손님은 다른 사람들이 식사를 마친 후에는 식사를 계속할 수 없다. 비록 배가 고플지라도 모두 식사가 끝난 뒤에 먹을 경우에는 위신이 없는 사람이 된다. 만약 초대한 가족 중의 누구 한 사람이라도 먹고 있다면 같이 먹을 수 있다. 하지만, 그렇다고 해서 그냥 나가면 안 된다. 접시에 무엇이라도 약간 남겨 두어야 한다. 만약 그렇게 하지 않으면 주인의 위신이 손상되는데, 이것은 손님의 음식이 부족할까 걱정을 끼치는 결과가 된다.

이런 이유로 해서 라오스에서는 먹을 음식보다 약간 많게 음식을 준비하는 경향이 있다. 이런 현실은 서양과 같이 몇 가지 계속해서 많은 음식이 나오는 경우와는 다르다. 하지만 여기서는 한꺼번에 많은 음식을 모두 차리고, 남녀 손님은 음식의 풍부한 가지 수에 큰 기쁨을 가지도록 확인하는 것이다. 이런 이상적인 상황은 언제나 일어나는 것이 아니라 하나의 목표로서 가끔씩 나타나는 것이다.

양념은 공통적으로 라오스 사람들이 약용의 목적으로 세 가지를 구별하는데, 한 가지는 매운 맛으로 라오스말로 혼이라고 하는 따뜻한 성질의 종류이다. 두 번째 음식재료는 찬 성질로 사람의 열을 식혀주는 역할을 한다. 세 번째는 중성 식품으로 분류하여 건강에 도움이 되도록 신경을 쓴다.

라오스에서 가장 흔한 음식은 카오픈이라고 하는 쌀국수 또는 카오라고 하는 찹쌀밥이다.

카오픈

나. 바씨(Baci) 축복

이 축복의식은 아름다운 라오스의 제도로 그 음식이 의미하는 것은 단지 한 가지 측면이지만, 음식의 상징성은 중요하다. 달걀은 주로 사용되는 상징적인 음식이고 쌀은 언제나 의미가 있다.

바씨는 생일, 결혼 등과 같이 중요한 행사나 오랜 여행(해외여행 등)의 시작과 끝, 또는 중요한 손님을 맞이하는 자리에서 매우 자연스럽게 행하는 의식이다. 여기에는 불교의식과 영혼숭배의식이 혼합되어 의식을 집전하는 사람은 스님이나 '주술사'가 된다. 이 경우에 행사의 중심지는 나무가 되는데 바나나 잎과 꽃이 주가 되지만 인조 꽃도 사용된다. 상징적인 음식이 이곳을 둘러싸고 스님이나 '주술사'가 큰 소리로 기도를 하며 적절한 축복을 한다. 찬양이 끝나고 나면 상징적인 음식이 그의 손에 쥐어지고 면으로 된 끈을 손목에 둘러매서 더 큰 축복을 확신시켜 준다. 이것이 끝나면, 나무 주위에 앉아 있던 모든 남녀 참석자들은 자기 손목에 끈을 매고 자기의 소원을 말하며 서로의 손목에 매어주기도 한다. 이렇게 해서 모든 행사가 모두에게 자유로운 모습으로 발전되어 가는데 이 끈은 떨어져서 안 되고 적어도 3일 간은 풀어서는 안 된다. 많은 사람들이 끈이 오래가기를 바라고 안전하게 되도록 한 달 뒤에 풀기도 한다.

중요한 축하의식에서 실을 들고 기도하며 축복한다.

다. 요리

라오스 요리는 라오스 민족과 북동부의 태국에서 소비되는 요리의 형식이다. 라오스 요리는 동남아시아 내에서도 독특한 요리로 꼽힌다. 라오스의 기본 요리는 끈적한 쌀이다. 양강근과 생선소스를 많이 섭취한다. 라오스의 가장 대표적인 음식으로는 라압(laap)이 있다. 때때로 라브(Larb)라고 쓰기도 한다. 이 요리는 향신료와 육류 혹은 생선을 조린 것으로서 푸른색 채소와 허브를 한데 모아서 요리하기도 한다. 다른 특색있는 요리로는 탐 막 홍(tam mak houng)이 있는데 푸른 파파야 샐러드이다.

라오스 요리는 많은 지역차가 존재한다. 지방에 따라 재료나 식습관이 다르기 때문에 차이가 나타난다. 프랑스의 영향도 두드러져서 프랑스식과 유사한 바게트 빵도 쉽게 거리에서 살 수 있다. 베트남 요리 식당도 흔하다.

1) 음식의 종류

쌀밥

카우냐우- 찹쌀찐밥 - 고두밥으로 만들어 손으로 뜯어먹는다.

카우짜오- 숟가락으로 떠먹는 보통 쌀밥

카우람- 대나무 속에 찹쌀을 넣고 코코넛 즙을 넣어 달고 찐득하다.

갈란드 꽃쫏팟

유채, 배추국(소금간, 후추), 민물새우

쯧팟

순수 배추국, 닭고기, 단파 배추국, 민물파래

카이카레

닭고기 카레

양파 당근, 닭고기 1-2cm 국물

씬무팟

돼지고기, 배추, 양파, 풋고추 삶아 무친 것

국물 약간

카오삐약 - 닭고기와 우린 국물 쌀국수, 채소 설음, 양념간장, 파, 마늘, 간장

카오카이- 닭죽

카오픈

쌀국수, 동그랑, 양파, 돼지육수, 돼지고기 또는 닭, 소고기 가능. 파, 당근, 팍취 채소 곁들임.

카오소이 - 루앙프라방 지역의 아침 국수- 된장, 튀긴 누룽지를 잘라서 국수물에 찍어먹음, 다진 돼지고기, 토마토 소스, 붉은 고추, 작은 토마토, 향취(파컴).

퍼- 월남쌀국수

반꾸온 - 월남식 쌈밥(얇은 쌀종이-전병에 야채와 고기를 넣고 싸먹음)

랍무

돼지고기 잘게 썰어 야채 설고, 줄콩 삶은 것, 양파, 풋고추 잘게 썰어 무침. 레몬 즙 추가

랍

향취, 잘게 썰은 야채 한쪽에 숙주나물 무친 것과 닭고기 잘게 썬 것, 오이 얇게 썰어, 토마토, 풋고추를 얹어 무침.

카이팬

민물 김 두꺼운 것 튀김에 참깨를 얹어 뿌리고, 간장 기름에 찍어먹음,

빙파 카우냐우

대나무 생선구이(빙파), 검은 찹쌀밥, 상치 방석에 양파, 토마토 썰어 곁들임.

비오깐 까이(태국식 탕수육)

고추, 양파, 죽순, 돼지고기 삶아 밀가루 무쳐 튀김, 당근, 토마토

양타래

쭈꾸미 야채볶음-상추 방석에 양파, 쭈구미를 삶아 당근과 당파를 길게 썰고 당파 잘게 썰어 볶아 얹음

중국식 마파두부

두부1cm로 작게 썰고, 간장, 파, 고추양념, 국물 약간 있게

라오스 된장과 야채데침

양배추, 줄콩, 파란채소 익혀 라오스 된장 찍어먹음

파파야 젓갈무침

파파야 실로 잘게 썰고 양배추 생것, 마늘, 생것, 오렌지 잘게 썰어 맛냄.

장어야채 볶음

장어 삶아 3-4cm 길게 썰고 양파, 배추, 고추, 삶아 무침

라오스 바게뜨 빵

프랑스 바게트 식

바덱 카우치사바나캣 지방 샤브샤브

- 샌드위치에 캐첩, 치즈,

돼지고기 얇게 썬 것, 달걀 생것, 새우 살, 게맛살, 함께 가지런히 쟁반에 담아냄. 끓는 육수물을 냄비에 담고, 쌀국수를 나중에 건져먹음, 채소 바구나 따로 냄.

맥주안주

훈제육포, 훈제 소시지 작은 것, 땡초 고추, 마늘, 민물 참깨무침 김, 작은 열대과일

약윤샌

버섯(투명하고 넓적한 것, 해파리 같음) 삶은 것, 야채 무침(토마토, 상치, 향취, 미나리 등)

팔로암 밑 탈레이

줄콩, 양파, 새우살, 마늘, 당근, 삶은 것, 후추, 오렌지 즙, 오징어.

라오스 매운탕 -똠얌빠

신선로에 잉어, 메기, 붉은 고추 파, 마늘, 소금간장,

닥망충

당근 푹 삶아 길게 5-6cm 잘라, 위에 얹고 양파, 야채 삶아 물내고, 파파야, 채썰어 무치고 삶은 땅콩, 섞어 줄콩 삶은 것, 생콩자루 얹어 저비에 참파꽃으로 장식

카우 팟- 볶음밥

옥수수, 당파, 달걀, 당근, 콩줄기, 고기 잘게 썰어 볶아서 쟁반에 담음, 토마토, 상치, 야채 곁들임.

둑캉무(돼지고기) 웅우아(소고기) 갈비

돼지갈비 뜯어서 굽고, 양배추, 파, 야채 3-4cm 길게 가늘게 썰어 무치고, 토마토 오이, 별도 곁들임.

빠(생선)닌

물고기 튀김 마늘과 함께 튀김, 얹어 파, 고추, 양념 얹음. 토마토, 양파, 오이 썰어 곁들임.

2) 욥 카이 톰(닭요리 탕)

재료

닭 1마리, 털을 벗기고 내장을 꺼내고 모래주머니도 꺼낸다. 속껍질을 벗기고 잘 씻어 소금과 벗긴 실파를 냄비에 넣고 삶는다. 물은 닭이 잠길 정도로 붓고 닭이 잘 삶길 때까지 삶는다.

어린 오이 껍질을 벗기고 4등분으로 잘라 적당한 크기로 잘게 썬다.

2개의 크고 잘 익은 토마토 뜨거운 물에 1분 정도 담가, 껍질을 벗기고 반으로 잘라 알맹이와 씨를 버린다.

2개의 어린 양파 싹을 잎과 함께 삶는다.

2개의 큰 신선한 붉은 매운 고추, 반으로 잘라, 길이로 썰고 속을 빼고 물에 담근다.

5개의 작은 실파

2개의 작은 마늘

이 두 가지 재료를 참숯불에 약하게 그을려 껍질을 벗기고 썬다.

3개 미나리 썬 것.

소금, 물고기 소스와 빻은 후추

라임

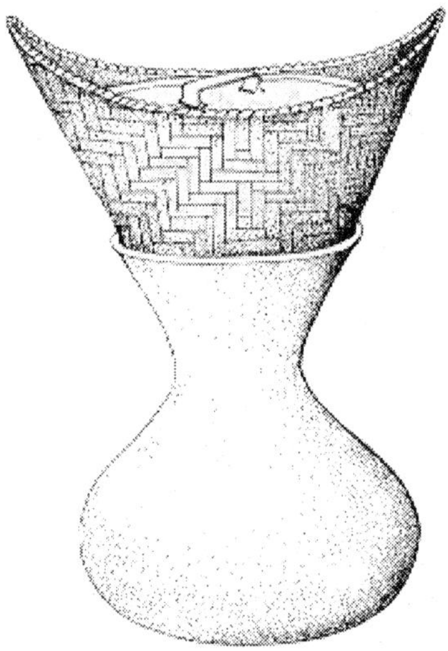

찜통과 단지 (Steamer Basket과 Pot)

대부분은 찹쌀(sticky 또는 sweet rice라고 함)을 준비하는데 사용하지만, 채소, 고기, 또는 다른 것을 찌는데 사용한다.

요리법

끓인 닭을 냄비에서 꺼내 큰 그릇에 담는다. 닭 가슴살을 찢어 다리와 몸통을 분리하고 내장을 꺼내고 다리와 날개를 분리한다. 가슴살은 적당한 크기로 잘라 썬 양념(*kheuang soi*)을 넣고 어린 양파와 미나리는 별도로 둔다. 양파와 미나리를 닭 국물과 함께 소금을 간하고 혼합물이 축축하게 한다. 물고기 소스(라임주스와 함께)를 뿌리고. 잘 혼합한다. 맛을 보고 간을 보아 둔다. 빻은 후추와 어린 양파 잎 썬 것을 위에 뿌리고 접시에 썬 미나리와 함께 꾸며 낸다.

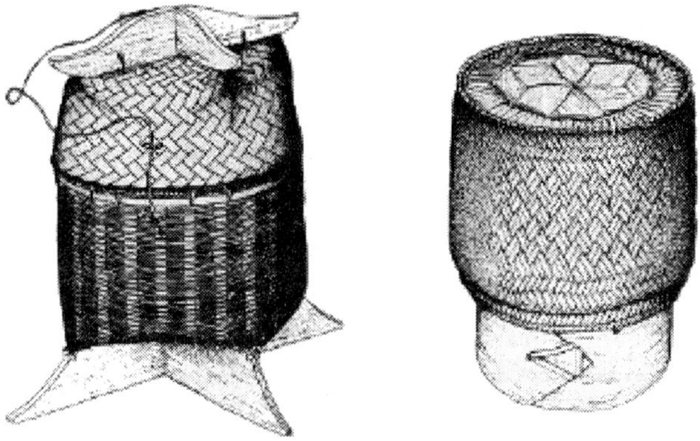

밥통 (Sticky Rice Basket)

이 밥통은 찰밥을 한 뒤 식히거나 보관할 때 쓰인다.

3) 폰파럼 Pon Pa Leum(메기 탕)

재료

1 조각 *pa leum* (큰 메기), 뼈를 발라내고, 손바닥 크기 정도로 잘라 씻고 얇게 저민다. 물을 고기가 잠길 정도로 붓는다. 소금과 물고기 소스를 살짝 뿌린다. (약간 짭게 해야 한다.) 잘 끓여서 불을 죽여 낸다.

6 단 어린 둥근 가지

2개의 작은 마늘

4개의 작은 실파

3개의 신선한 매운 고추

이 4 가지 재료들을 참숯불에 살짝 익혀 껍질을 벗기고 빻아 양념(*kheuang hom*)을 만든다.

1개의 어린 양파 싹 잎과 줄기 잘 썬다.

1개의 잔가지 미나리 썬 것.

2개의 라임 잎, 썬 것.

소금과 물고기 소스

요리법

끓인 물고기를 양념과 함께 절구에 찧어 물을 붓고 물고기가 혼합되어 잘 익을 때까지 끓이고 빽빽하게 한다. 어린 양파와 썬 라임 잎을 얹는다. 혼합물이 너무 빽빽하거나 묽지 않도록 한다. 맛을 보고 간을 본다.

혼합물을 접시에 놓고 썬 미나리, 신 국물(*Keng Som*), 어린 오이와 함께 내고 채소를 함께 곁들여 낸다.

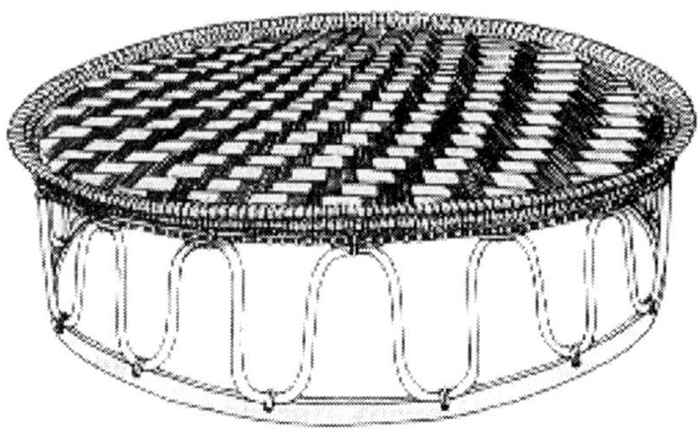

소반 쟁반 (Platter 또는 Tray)

이 쟁반은 음식을 외부로 운반할 때 쓰인다.

대나무로 둥글게 만들어 탓(taat).이라고 부른다.

4) 랍파캥 Lap Pa Keng(잉어찜)

재료

1개 잉어(*pa keng*), 비늘 벗기고, 내장을 빼고 씻어 깨끗하게 하고, 알이 있으면 씻어서 바나나 껍질에 싸서 고기가 반쯤 익을 때까지 불에 굽는다. 껍질은 충분히 익을 때까지 삶고 조금씩 먹는다.

5개의 달고 어린 둥근 가지를 참숯불에 껍질이 탈 때까지 굽는데 속의 씨앗까지 타면 안 된다. 접시에 담아낸다.

3개의 마른 매운 고추를 부드러워질 때까지 데워서

3개의 작은 마늘-숯불에 그슬린다.

3개의 작은 파를 숯불에 그슬려서

2개의 생강 **위의 재료들을 절구에 넣고 잘 빻는다.**

5개의 마늘을 노랗게 될 때까지 프라이 팬에 구워낸다.

양파를 썰고 미나리 1 공기(1/2 파인트) *또는 채소*(*padek* 삶은 것)

1 작은 공기, *nam keng* (고기 국물의 국물만), 소금

요리법

썬 고기를 절구에 5 파운드 정도 넣고 잘 빻는다. 채소(*padek*)에 약간의 소금을 넣는다. 약간의 국물(*nam ken*)을 넣고 계속 젓는다. 두껍게 하던지 얇게 하는지는 여러분의 손에 달렸다. 다음으로, 썬 물고기 껍질을 더 넣고 양파를 뿌리고 물고기 내장과 알을 얹는다. 맛을 보고 간을 한다.

접시에 담고 마늘과 미나리를 곁들인다. *Keng Som Houa Pa Keng* (*pa keng*으로 만든 시큼한 국물)과 채소와 함께 먹는다.

5) 랍카이 파 Lap Kai Pa(닭고기 졸임)

재료

1마리 생닭, 털 뽑고, 씻어 내장 빼고 가슴, 다리 분리하여 잘 썰어 껍질, 간, 모래주머니를 빼서 씻고 실로 묶어 국물에 삶아 잘게 썰어 놓는다.

5개의 둥근 가지를 숯불에 올려 껍질이 탈 때까지 굽는다.

3개의 작은 마늘을 숯불에 굽니다.

2개의 작은 실파를 숯불에 굽는다.

3개의 마른 매운 고추를 연해질 때까지 데운다.

2조각의 생강

위의 5가지 재료를 함께 빻는다. - 이것은 *kheuang lap*이라고 부른다.

1공기(1/4 파인트) 채소 파댁(*padek*)

1공기 중간크기 물고기 소스가 첨가되지 않은 국물을 잘 갈은 *khao khoua*(생 찹쌀을 뜨거운 팬에 구워 곱게 빻는다.) 어린 바나나 꽃을 썰어

3개의 작은 마늘, 썰고 노란 색으로 좋은 향이 날 때까지 굽는다.

3개의 라임 잎, 양파 썰고, 썬 미나리 잎, 소금

요리법

저민 닭을 크앙랍과 함께 섞어 소금을 치고 향취와 다른 재료를 넣는다. 주무른 재료에 강한 향의 맛이 나면 국물을 붓고 젓는다. 닭고기를 추가하고 썬 바나나 꽃을 넣는다. 닭 껍질 썬 것과 구운 마늘을 넣는다. 맛을 보고 간을 한다.

재료를 접시에다 썬 어린 양파 잎, 썬 미나리 그리고 라임 잎

썬 것으로 꾸미고 캥솜(국물 종류)와 여러 가지 채소와 함께 같이 낸다. 기타 소고기 절임 불고기가 있다.

남부지역에서는 커피 생산이 많고, 농지가 풍부하여 소득이 높은 편이다.

라오스의 전통민속주 '라오라오'를 담고 있는 가내공업

전통주에는 라오하이(쌀막걸리 12°)와 라오라오(증류소주 45-50°)가 있다. 라오하이는 막걸리 아니 동동주라고 할 만큼 껍질과 함께 쌀을 항아리에 넣어 발효시키고 쌀겨를 그대로 둔 채로 발효시켜 물을 부어가며 빨대로 빨아 마시는 라오스 전통주이다.

라오스 맥주 '비아라오'는 아주 맛이 좋아 서방국가로 수출도 상당히 되고 있다. 라오스의 커피는 Dao, Sinouk의 상표로 생산되고 있으며 향이 독특하여 인기가 있다. 볼라방 지역의 높은 고원에서 생산되는 커피는 프랑스 식민지 시대에 조성된 농장들이다. 팍송이라고도 부르는데 팍송이란 지명이름이기도 하다. 동남아시아에서 커피 재배의 메카이자 최적지로 꼽히는 곳이다. 아라비카 품종과 로부스타 품종이 대다수 재배된다. 로부스타 품종은 태국으로 수출하고 나중에는 네스카페로 만든다.

2. 라오스 음악과 춤

가. 라오스 전통음악

라오스 전통음악은 징, 피리, 그리고 실로폰 같은 목관악기, 아쟁, 북 등으로 구성된다. 갈대를 길게 여러 겹 묶은 '캔'이라는 악기는 남자만 연주하도록 허락되고 전국에서 흔히 연주된다. 부드럽고 맑은 목관악기의 특징은 이 나라의 국민성과도 닮았다. 주로 젊은이의 사랑노래, 들판에서 일하는 농요, 그리고 추수감사의 노래가 많다. 가장 아껴 부르는 노래는 이 나라의 국화인 참파를 노래하는 곡이 가장 유명하다. 민속음악을 연주하는 곳이면 어디서든지 이것을 연주한다. 가사의 내용은 다음과 같다.

Oh Duang Champaa Welaa Xom dok nuk hen phan xong mong hen hua jai haw nuk khuen dai nai kin jaw hom hen suan dok mai bidaa puk wai tang tae naan ma welaa nguam ngaw jaw xuay ban taw haw haay so ka jaw duang champaa khu khieng haw maa tae yaam noy oe kin jaw sam khan tid phan hua jai pen naa hak khai phaeng wai zeoy som yaam ngaw haw dom oh duang champaa mue dom kin jaw paan phob phuen kaw thi phaak jaak pai jaw pen dok mai thii ngaam wilai tang tae dai maa jaw duang champa maa laa khwan hak khong hiam nii eo Oh duang champaa buppha muang Lao ngam dang duang dao saw Lao pheong jai koed yu phaay nai daendin laan zaang thaa dai phad phaak nii pai kai jaak baan koed muang non haw ja aw jaw pen phuen ban tao thao sin see wa jaw duang champaa ma laa ngaam ying ming muang haw eo	Oh! Champa Flower, when I admire you I could envision thousands in my mind. I could see the flower garden that my father had planted long ago. Whenever I feel melancholy, I think of theeand I no longer feel lonely or sad. Oh! Champa Flower, you have stood by my side since I was young. Your fragrance is significant; in my heart it stands with love and affection. I treasure your sweet scent, for when I feel lonely, I can breathe in your sweet fragrance, My Dear Sweet Champa. Sniffing your delicate fragrance is like my long lost friend. You have been a beautiful flower since the beginning of time, Translated by Dr. Wajuppa Tossa and Prasong Saihong

라오스의 전통악기 캔(남자만 연주한다)을 연주하는 사람들

나. 라오스 국가

라오스 국가는 사회주의 공산당의 영향을 받아 혁명적인 행진곡 풍으로 장엄하게 연주한다. 주로 독립과 자유를 사랑하는 라오스 국민의 자존심을 표현하고 있다.

-우리말 해석-

항상 라오스국민은 조국을 찬양해왔다!

마음과 영혼 그리고 온힘을 하나로 합쳐서

결연하게 라오스 국민은 더 명예롭게

자신들의 주인으로서의 권리를 주창하면서
모든 라오스국민은 평등해
더 이상 제국주의자와 반역자를 용납하지 않는다.
전 국민은 라오스의 독립과 자유를 지키는 파수꾼이 될 것이다.
국가의 번영을 이끌기 위해 승리를 위한 투쟁을 하기로 맹세한다.

다. 라오스의 무용

라오스의 무용에서 가장 유명한 민속무용이 단체로 둥근 원을 그리면서 남녀가 함께 춤을 추는 람봉댄스가 유명하다. 축제가 벌어지면 남녀가 서로 사랑하는 사람에게 춤을 청할 수 있는데, 남자는 원의 안쪽에 서서 같이 왼쪽으로 돌아가며 한 바퀴를 돌고나면 파트너를 바꿀 수 있다. 다음으로는 전후 좌우로 방향을 바꾸어가며 춤을 추는 전통무용이 있다. 이것은 단체로 추는 무대무용의 대표적인 스텝이며 최근에는 차차차, 블루스 등의 서양 리듬에도 유행하고 있다.

루앙 프라방에는 과거 왕궁시절의 이야기를 음악과 무용으로 엮어 공연하고 있다. 현재는 국립박물관 극장으로 바뀐 옛날 궁전에서는 매주 월, 수, 금, 토요일 6시30분부터 공연되는데, 황금사슴과 시다공주의 유괴 등 매일 주제가 바뀐다.

1960년대에는 서양음악과 무용이 한참 유행을 하였으나 혁명정권이 들어선 이후, 퇴폐적인 무용과 음악은 제한 당하고 있다.

2000년대에 들어서는 현대의 기타와 드럼으로 장비를 갖춘 젊은이들의 헤비메탈과 팝송이 매우 인기를 얻고 있다. 이 가운데서 한국의 노래와 TV 프로그램은 매우 인기를 끌고 있어 한류의 인기를 충분히 느낄 수 있다.

라. 민속의상

라오스는 워낙 소수민족이 많기 때문에 자연히 의상이 매우 다양하다. 해마다 열리는 소수민족 대회에는 65개 소수민족들이 제각기 고유한 호려한 민속의상을 자랑한다. 이것은 놀라운 세계 최대의 야외 의상쇼가 된다고 볼 수 있다.

주로 가내공업으로 손으로 짠 비단이 많으며, 면으로도 다양한 의복을 만들어 입는다. 천연염색을 한 색동저고리는 북부지방에서 많이 볼 수 있다.

라오숭(높은지대 소수민족) 의상

산족들의 물건 운반

라오텅(중간지대) 의상

라오룸(평야지대) 결혼식

제V부 라오스의 현대문학

1. 라오스 문학의 전개[60)]

최근 동남아시아에 대한 관심이 꽤 높아졌다. 동남아시아에서의 문학이나 학술적인 발간과 수집이 대중적인 인기를 얻기 위한 것이긴 하지만, 외국의 관심을 끌고 있다. 문학작품의 번역이 외국인에게 동남아 문학과 사회에 관한 교육에 중요한 역할을 해왔다. 교육적인 수단으로서 증가되는 문학의 중요성은 동남아시아 자연 그 자체의 점진적인 변화의 사실을 반영하는 것이다.

번역에 있어서 문학은 하나의 세상을 바라볼 수 있는 창으로 제공된다. 소설을 통해서 동남아시아인들은 자신들의 문화를 바라보는 견해와 서양인을 위해서라기보다 그들 자신들의 견해를 표현하기 위한 기회를 가지게 되는 것이다. 지난 10년간 동남아 연구가 성장해온 분야가 있는 반면에, 아직 라오스에 공들인 연구는 아주 미약한 것이다. 라오스는 9년간 2백1만톤의 폭탄이 투하된 미국의 베트남 전쟁동안 미국으로부터 많은 관심을 받을

60) 서세창(번역가. 영문학 석사)번역 http://www.seasite.niu.edu/lao/참고

수 있었음은 사실이지만, 미국은 이 기간 동안 라오스의 사회와 문화에 관한 조사나 학자는 거의 없었다는 것도 사실이다.

비록 라오스가 오래되고 전통적인 불교문학과 프랑스 식민통치기간 시작된 현대의 문학을 가지고 있긴 하지만 그 어느 쪽도 영어로 이용하기는 어려웠다. 이번 작업은 최초로 영어로 출간되는 이 시대의 라오스 단편소설의 수집인 것이다.

작가 **아웃신 분야봉**은 현대문학을 포함한 많은 기간을 걸쳐 경력을 가진 탁월한 분이다. 여기서 단편소설은, 혁명전 최후의 몇 년에서 현재의 10여 년간까지, 이 나라의 사회적, 정치적 분위기가 어떻게 문학의 내용에 영향을 미쳤는지를 상세하게 다룰 것이다.

이 시대의 라오스 작품의 소개와 작가 아웃신 분야봉의 간단한 자전적인 글과 수집된 작품으로 독자들에게 이 단편소설을 제공하고자 한다.

가. 전통적인 라오스 문학

가장 최초로 기록된 라오스 역사는 14세기부터이다. 서기 1350년, 크메르의 도움을 받은 라오스 왕자 **파 눔**이 라오스와 현재 동북 타이랜드의 많은 부분을 합쳐 **란상**으로 알려진 왕국을 세웠다.

이 시대의 문학의 특징은 다양한 불교의 영향과 남아시아, 동남아시아의 힌두문명과 그리고 아마 구전으로 전해 온 라오스 자체의 초기 전통문학의 영향을 받은 것으로 밝혀지고 있다. 란상의 주된 문화적인 영향은 타이랜드의 란나의 유안왕국과 아주 밀접한 관계가 있는데 이것은 대체로 지금의 북 타이랜드 지역을 포함하고 있다. 16세기 초부터 란상은 정교한 전통의 예술, 문학 그리고 학문이 발전하였다. 사원은 왕국의 문화, 교육의 중심이었는데 경쟁적인 군주의 힘을 나타내는 것이었다.

문학과 교양 그 자체의 지식은 사원에서 습득한 것이었는데, 사원에서 젊은 남자들은 일반적으로 수년간 수련자 또는 불교스님으로 보냈다. 이러한 기원과는 관계없이, 문학작품들은 전형적으로 자카타 이야기, 트리피타카 불교 문서에 기록된 부처의 일생 이야기 등을 나타낸다. 라오스 문학은 전통적으로 종교적인 경험에 앞서 스님, 수련자 또는 일반인들에 의해 행하여진다. 문학작품들은 주로 사원도서관이나 개인집에 보관되어 왔는데 연례 종교행사 기간 동안 공개되었다.

나. 전통적인 라오스 문학의 쇠퇴와 현대문학의 발생

전통문학의 변화와 쇠퇴로 필연적으로 현대 라오스 저술의 창조와 발전의 요인이 되었다. 17세기후반, 란상왕국은 세 개의 소왕국으로 분열되었다. 그 결과 국력이 약화되었고 외세에 의해 종속되었고 지배를 당해 내부 불안정이 뒤따랐다. 18세기말경, 다시 한번 란상왕국은 샴(태국)의 정치적인 통치아래에 놓이게 되었다.

19세기말, 샴왕국이 강제로 메콩강 동부지역-현재 라오스의 구역으로 추정되는-을 프랑스에 양도했다. 태국과 프랑스가 라오스에 바로 심각한 문화적인 충격을 주지는 않았다. 19세기 말 전에, 태국은 고유의 문화와 정치적인 체계를 유지하는데 만족했고 지방의 영주들이 바치는 조세에 의존하였다.

이와 유사하게 프랑스도 엄청난 잠재력을 보여준 인근국가인 베트남이나 캄보디아와 비교하여 라오스의 발전을 낮은 것으로 관망했다. 따라서 전통 라오스 문화는 1930년 이후까지 큰 변화를 겪지는 않았다.

20세기 동남아시아의 세속적인 교육의 국가적인 제도화는 라오스 전 지역을 통해 심각한 영향을 끼치게 되었다. 후원자인 불교사원의 힘으로 과소평가된 문학을 포함한 라오스 예술의 형성은 약화되었고 종교교육은 서구중심의 교육과정인 학교교육으로 바뀌게 되었다.

전통적으로 문학은 사원에서 개인에게 라오스 사회와 보다 큰 불교세계 안에서만 가르쳐왔다. 프랑스 지배하의 라오스교육은 다른 목적으로 변질되어졌다. 프랑스 학교에 다니는 라오스 학생들은 그 중심에 오직 프랑스의 식민적 학과목으로만 세계를 보도록 가르쳤다.

반면, 이웃의 태국의 북동지역에서는 학생들이 중앙 태국의 정치와 문화적인 통치아래 나라의 시민으로서의 교육을 받았다. 전통 문학이 현대교육의 대상으로 오히려 무시당했고 더 이상 가르쳐지지 않았다. 라오스 전통문화의 요소들은 과거의 발전되지 못한 문화적 찌꺼기로 간주되었던 반면, 서구문명은 경쟁의 본보기로 추앙받았다.

식민기간 동안, 정부주도의 학교에서 교육받은 라오스 학생들은 라오스문학 대신 프랑스 문학을 배워야만 했다. 라오스 사회에서는 그전에 들어보지도 못한 세속적인 소설들이 라오스의 훌륭하고 시적인 대서사시를 대신하여 상류층에 유행이 되었다.

학교에서 무방비상태로 프랑스문학에 노출된 라오스 엘리트들의 문학적 경쟁이 현대 라오스 소설의 기원으로 이끌었다. 현재까지 라오스에 전통문학이 계속해서 남아 있다는 사실은 많은 사람들이 제한적으로 국가 교육을 받을 수 있었고 라오스의 세계관을 변화시키는 현대 학교교육을 이용할 수 없음을 나타내는 것이다.

동남아 대부분의 국가와 비교해보면, 현대교육의 도입과 확산이 라오스 전체를 통해서 그 속도가 느리게 이루어졌다. 최초의 **리세**(수도에 자리잡은 상류고등학교)는 라오스 독립 후 1920년대에서야 설립되었다. 그나마 수도 밖의 좀 큰 도시에는 중학교가 가장 높은 교육기관이었고 대다수 국민이 살고 있는 시골은 정부주도 교육은 아예 존재하지도 않았다.

상위교육을 받고 싶은 학생들은 불교사원에 가거나 해외로 가는 수밖에 없었다. 1930년대 중반의 통계에 의하면, 정부주도의 학교보다 불교사원의 수가 2배나 많았다. 심지어 현재까지도 많은 라오스의 시골은 학교와 교재 그리고 자격을 가진 교사의 수가 부족한 상태이다.

현대문학의 발전을 지연시키는 두 번째 중요한 요인은 현대기술의 느린 발전이다. 1920년대에 라오스에서 출판물이 나오긴 했지만 최초의 라오스판 신문은 1940년대 초에서야 발간되었다. 다른 대부분의 인도차이나 국가보다도 훨씬 늦은 것이다.

1940년대 중반까지는 라오스의 원고를 재발간하는 초보적인 방법은 수 세기 동안 철필로 야자잎 종이에 글을 썼던 것이었다.

1930년대 비엔티안에서 스님들이 전통적인 라오스 이야기들을 태국 북동지방의 앞선 기술로 출간할 수 있었고 배포의 목적으로 다시 그것을 야자잎 종이에 복사하게 되었다.

지리적으로 거친 많은 산악지대와 밀림지역이 라오스 국가 발전에 엄청난 저해요인이었다. 비록 현재 상황이 빠르게 변화하고는 있지만 라오스의 어떤 지역은 아직도 외부세계와 접촉으로부터 완전히 고립되어있다.

다. 1893~1954년까지의 프랑스 식민통치 기간의 현대문학

라오스 현대문학의 초기작품들은 수도 비엔티안 세력을 선점했던 라오스 엘리트들 간에만 독점적으로 쓰여졌고 배포되어졌다. 대다수 시골사람들과는 다르게 라오스 귀족들이 공부한 것은 프랑스어였고 라오스어 대신 프랑스 역사, 문화와 문학만을 배웠다.

많은 사람들이 계속해서 프랑스에서 교육을 받았고, 라오스 엘리트 회원들이 라오스 전통보다 프랑스 사회에 관련된 문제에 더 정통해 있었다. 그 예로 훗날 약 20여 년간 라오스의 수상을 지낸던 라오스 왕자 **수바나 푸마**는 라오스어보다는 오히려 프랑스말로 대화하는 것이 더 편했다고 했다.

현대 라오스 문학은 원래 프랑스어로 쓰여졌고 프랑스문학 형태를 모방하였다. 라오스어로 쓰여진 최초의 현대소설은 1944년에 출간된 작가 솜친 닌의 *파라 포타훕*(성스러운 불상)이었다.

작가는 프랑어로 된 작품을 소개하면서 아마도 라오스어로 작품을 출간하는 새로움에 기인하여 책표지에 광고하기를, "라오스어로 쉽게 이해할 수 있게 쓰여짐"이라 하였다. 이 시대에 문학 작품 이면의 동기는 특성상 공공연하게 정치적인 것이었다.

1940년대 **필드 마샬 필분송크람**의 지도 아래, 이웃국가인 샴 왕국이 라오스를 대 샴왕국의 한 주로 흡수하려했다.(유럽 식민 지볍 아래에 있던 다른 지역처럼) 세계 제2차대전이 일어나기 몇 년 전까지 프랑스어는 라오스 식민통치기간 동안 공식언어로 남아 있었고 라오스어와 문화의 사용은 태국으로부터 국가의 정체성을 확립할 목적으로 공식적으로 장려되었다.

그렇게 함으로 샴왕국과 가까운 식민화를 노리던 정책가들의 의도는 라오스 문화적 친화력에 의해 좌절되었다.

라. 2차대전에서 공산주의 승리까지(1945-1975)

2차대전에서 현재까지의 라오스문학은 이 나라의 정치적인 대격변을 반영하고 있다. 따라서 라오스 문학을 이해하기 위해 이 기간동안 라오스 역사를 살펴보는 것이 필요하다.

프랑스 통치 말년에, 자유라오스(라오 이사라)로 알려진 국가주의운동이 몇몇 라오스 왕자들의 지도아래 자리잡게 된다. 세계2차대전동안 일본이 라오스를 통치하였고 자유 라오스에게 국가통치를 위임하였다.

1948년, 라오스가 다시 프랑스 통치하에 놓였을 때, 자유 라오스의 지도자들은 태국으로 망명했고 그곳에서 망명정부를 세웠다. 1951년, 라오스에 부분적인 독립을 제안했고 그 결과로 자유 라오스가 해체되었다.

수바나 푸마 왕자와 같은 온건파들은 이 제안에 동의해 귀국해 프랑스와 함께 프랑스 연합 내에서 나라의 독립을 준비하기 위해 일하게 된다. 그러나 이복형제인 **수판누봉**은 프랑스의 독립조건에 만족하지 못했다.

그는 베트남인과 군대를 연합하여 라오스애국전선으로 알려진 저항운동을 하게 된다(네오 라오 학사티). 라오스가 1954년 독립하게 되자 이복형제인 두 왕자는 각기 반대당을 만들어 이것이 결국 큰 전쟁으로 발전하게 되었다.

불행하게도 라오스의 이 두 내부 분쟁은 강대국의 힘에 지원을 받게 되는데 왕립 라오스 정부는 미국의 후원을, 라오스애국전선은 베트남과 소련의 지원을 받게 된다. 20년간의 전쟁이 끝난 후 라오스는 이 지구상에서 가장 폭격이 심했던 나라가 되었다.

1950년대 초에서 1975년 공산주의 승리까지의 전쟁 중에 쓰여진 문학은 크게 두 가지로 나누어지는데, 왕립 라오스 정부에 의해 통제된 시골지역의 문학과 라오스 애국 전선에 통제된 "자유구역"에서의 문학이 그것이다.

마. 1954~1975년 왕립라오스 정부 지배하의 라오스 문학

이 시기의 라오스 문학은 주로 비엔티안에서 쓰여졌고 배포되어졌다. 1950년대의 라오스에서 출판은 아직도 걸음마 단계였다. 이 기간에 몇 달에 한번 나오는 월간지가 나타났고 이것들 중 몇 잡지는 문학적인 내용을 포함하기도 했다.

1960년대 중반 무렵, 단편소설이 정기적으로 신문이나 잡지에

실렸고 소설책도 나타나기 시작하였다. 주요 소설작가에는 파키안(파 나일), 다라(두앙 참파), 그리고 두앙 두안(독 켓)이었는데 이들은 라오스의 역사, 문화와 문학의 중요학자인 마하 실라 비라봉씨의 제자들이었다.

아웃신 분야봉도 역시 탁월한 작가였다. 1960년대와 1970년대의 초반을 통해서 프랑스와 태국문학이 라오스문학의 중요한 영향을 끼쳤다. 반면 라오스국민들은 계속해서 프랑스어를 배워 프랑스 문학작품을 읽고 감상할 수 있도록 하였지만 라오스어와 유사한 태국어는 큰 노력없이도 쉽게 이해할 수가 있었다.

1970년 초 무렵, 혁명 후 2개월까지 지속된 **파이 남**에 뒤이어 **퓨안 케오**라는 인기있는 대중 잡지는 많은 독자층을 확보하고 있었다. **파이 남**은 라오스 학자 **마하 실라 비라봉**에 의해 설립되었고 편집판은 주 독자층인 어린이들을 위한 것이었다.

바. 1950년대초~1975년까지의 라오스 혁명문학

공식적인 라오스 자료에 의하면, 혁명문학은 라오스의 보통사람들의 전통적인 문학으로부터 발전해왔는데 봉건제도와 외국통치에 대한 국민들의 불만을 표현하고 있다. 예를 들어 고대 라오스 시(詩)인 **산 릅 파 선**은 19세기 초의 태국 침략에 저항하는 내용이며, 라오스 학생들에게 전통적으로 느끼는 조국사랑의 예를 가르치는 것이다. 그러나, 정치적인 색채가 과거에 전통적인 방식으로 표현된 것과는 관계없이 라오스애국전선의 "해방지역"(결과적으로 동시대문학)에 쓰여진 문학은 라오스혁명운동 방향으로 발전되어 왔다.

불교사원처럼, 라오스애국전선은 라오스인민들에게 정치적인 내용을 전달하는 전통적인 문학형태를 상당히 많이 사용하였다. 세계2차대전 후 20여 년간, 라오스혁명문학은 주로 고대 시의 형식으로 쓰여졌다. 현재까지도 라오스에서 발간되는 많은 양의 문학작품들이 전통적인 산문으로 쓰여지고 있다.

1960년대 중반까지, 산문 이야기들은 기사, 보고서 그리고 직원들에 쓰여진 비정기적인 이야기, 라오스애국전선 신문 *라오 이사라*에 실린 군인들의 글 등으로 구성되어있었다.

*라오 이사라*의 기사들은 전형적으로 사적인 관심을 혁명을 위해 희생하는 라오스 여러 종족의 남녀들의 생활 이야기로 구성되어있다. 혁명 영웅들의 이상적인 묘사는 훗날 많은 라오스 소설의 표본이 되었다. 1965년경에 단편소설들이 라오스 애국전선 신문과 단행본의 형태로 보편적으로 나타났다.

반면에 라오스 혁명소설은 문학발전에 중요한 예술적인 특성을 고려한 "보고서 형태"로 주로 구성되어있다.

사. 1975년부터 현재까지의 라오스 문학

1975년에서 현재까지 문학은 계속적으로 정치적인 역할을 해왔다. 공산주의의 승리에 이어 라오스 애국 전선은 혁명문학의 생산과 분배를 위한 시설이 삼누아 지방에서 수도에 이르는 중심지로 크게 개선되었다. 혁명 후 초기에는 종이값과 인쇄는 라오스정부와 소련이 보조해 주었다. 도서는 무료나 싼값으로 배포

되었고 개인적인 인쇄물이 수만 건이 되었다.

이 시기에서 현재까지의 라오스 작가는 세 가지 범주로 나눌 수 있다. 첫째 범주는 공산주의 승리에 앞서 해방지역에서 혁명을 일으키는데 일조한 챤티 듀안사반과 수반톤 부파누봉 같은 작가를 포함하고 있다.

둘째 범주는 신생 라오스사회 공헌에 문학적인 기술을 계속적으로 사용했던 옛 정권으로부터 정착한 작가들이다. 아웃신 분야봉이 이 범주의 뛰어난 작가의 예이다. 다라 비라봉(두앙 참파), 두앙두안 비라봉(독 켓), 센 밀라마이(세리팝)도 포함된다.

셋째 범주는 혁명 직 전후 몇 년간 문학적인 경륜을 쌓은 보다 젊은 세대의 작가들로 구성되어있다. 분타농 솜사이폰, 사이수완 펭퐁 그리고 비셋 사벵숙카 등의 작가들이다.

1975년부터 현재까지 라오스 작가들은 일반적으로 공무원으로 일했다. 혁명 후 첫 10년간 많은 작가들이 국립인쇄소에서 일을 했고 거기서 공산주의와 사회주의 문학을 그들 자신의 소설로 각색하여 라오스말로 번역하였다. 현재, 대부분의 작가들은 정부의 신문이나 잡지기자이다. 소설을 쓴다는 것은 전체적인 임무 중 한 부분일 뿐이다.

1980년대 말, 고르바초프의 개방정책과 소련의 붕괴에 따라서 라오스 정부는 진타나칸(새로운 창작)으로 알려진 일련의 경제사회개혁을 주도하게 된다. 짧은 기간 동안 자유화의 결과를 이용하여 라오스 작가들은 라오스사회와 문화의 상태를 건설적이고 비판적인 관찰을 제안하는 소설을 이용하여 어느 정도 수준으로 이끌었다.

그러나 최근에 심각한 정부의 통제로 작가들은 작품에서 정부의 정책을 지원하는 것을 제외하고 정치적인 분석을 피하거나 작품을 태국으로 보내기도하고 어떤 경우에는 작품활동을 아예 그만두기도 하였다.

서점가에서의 요구가 이 시대의 문학의 내용에 영향을 점점 더 미치고 있다. 더 이상 정부의 지원을 받지 않는 라오스 작가들이 인쇄 가격의 상승에 대해 힘겹게 대처하고 있다. 단행본 수준의 도서의 수는 대략 연간 10 퍼센트로 평균적으로 2천부 정도이다. 대다수 시와 소설은 신문이나 문학잡지의 형태로 발간된다.

문학이 대중적인 요구에 의존하게 된다면, 연애물과 일반적인 오락물이 급속하게 대중적인 인기를 얻게 된다.

라오스의 고대와 현대 문학의 전통 사이의 커다란 차이점은 라오스의 자각과 문화 속으로 각각 혼합된 범위까지 미치는 것이다. 반면, 전통적인 문학은 수세기 동안 거주해온 지역에서 쓰여지고 행하여지지만, 현대 라오스 산문소설은 겨우 반세기 정도 존재해왔고 아직도 많은 독자층의 확보와 다양하고 넓은 범위의 작가들이 나와야 한다.

2. 아웃신 분야봉의 생애와 작품

가. 생애

아웃신 분야봉은 현대 라오스 소설계에 잘 알려진 작가이다.

본 수집에 앞서 그의 작품은 러시아, 베트남 그리고 태국어로 번역되었다. 뒤에 그의 전기에서 설명하지만 작가로서 그의 발전은 라오스의 다른 동시대의 주요작가와 유사하다. 그는 1942년 라오스 북서지방인 사야부리에서 태어났다. 유년시절에 그는 비엔티안의 친척집에서 살았는데 시골보다는 교육과 일자리의 기회가 더 많았기 때문이었다.

학교에 다니면서 문학수업은 프랑스어로 된 프랑스 작품을 감상하였다. 스승 중 **솜친 닌** 씨가 있었는데 그는 최초의 라오스 소설의 작가이고 프랑스 시(詩)에 주해를 달기도 했다. 그러나 아웃신은 경제적인 어려움으로 학교를 그만두어야했다.

1960년대와 1970년대 초에, 다양한 일자리를 얻게 되었는데, 전기회사의 사무원, 미문화원의 도서직원, 그리고 비엔티안 비행장 활주로 확장공사를 했던 일본회사의 사서직원 등을 했다. 프랑스 식민지 시대부터 지금까지 라오스 소설가에 미친 문학적인 영향은 국가예산으로 공급되는 책에 한정되었다. 1960년대, 서점이 2개밖에 없었는데, 하나는 태국어로된 것과 다른 하나는 프랑스어로 된 책만 판매되었다. 아웃신은 미문화원에 근무하면서 미국소설에 가깝게 접근하게 되었다.

나. 작품

아웃신의 초기 작품은 단편소설이거나 여러 신문이나 잡지에 실린 산문정도였다. 그나마 읽을 수 있었던 제한된 독자들은 심각한 주제보다는 가벼운 유머 작품을 더 즐겨 읽었다. 1960년대 중반, 아웃신은 최초로 책을 출간하였는데 제목이 **시비스 니쿠라코네 콤**(인생은 짧은 연극과 같다)인 단편소설집이였다.

그 당시 라오스 소설집은 드물었다. 이것은 작가들의 출간에 따르는 재정적인 문제 뿐 만 아니라 판매에 대한 책임도 져야했기 때문이었다. 아웃신은 독자가 있는 곳이라면 비엔티안 거리 어디라도 돌아다니면서 커피숍, 호텔로비 등에 책을 비치했다.

1960년대에, 아웃신은 라오스의 진취적인 학자 **실라 비라봉의** 제자 작가모임과 관련을 맺게 되었다. 드디어 그는 이 작가모임 소속에서 가장 작품을 많이 썼던 두앙두안 비라봉(독 켇)와 결혼하게 되는데 그녀는 오늘날까지 라오스의 가장 뛰어난 여류작가 중 한명이다.

1960년과 1970년대 초 라오스는 격변과 정신적 혼돈의 시기였다. 한 라오스의 혁명작가는 이 시대의 라오스사회를 매춘굴과 댄스홀이 득실되고 있는 “타락한 미국문화의 복사판”이라했고, 여행작가 폴 테오는 이 시대를 친숙하지 않는 표현으로 미국의 값비싼 실질적인 농담, 아무런 동기도 없이 그냥 아무것이나 수입하여 결과도 없는 상황이라 하였다.

어쨌든 왕립 라오스정부는 미국의 많은 재정적인 지원을 받아야 했다. 부패가 만연하였고 대다수 국민이 가난에 허덕일 때 상류의 일부만이 엄청난 부를 누리고 있었다. 수도 비엔티안의 많은 지역은 미군들로 붐볐고 이것은 곧 매춘, 마약과 조직적인 범죄가 뒤따랐다. 비엔티안 사회는 이 나라의 다른 지역과 전통문화에 대한 완전한 불평등함을 의미한다.

반면 현대 라오스소설의 초기 작품들은 단순히 소수 엘리트들을 위한 흥미위주에 불과했고 이 시대 라오스 작가들은 소설이야말로 사회비평의 효과적인 형태의 개념이라는 사실을 재빨리 포착하였다.

아웃신의 전집에서 초기소설은 바로 이 시기에 집필되었다. "죽음의 댓가"에서 군인으로 먼 지방에 주둔하고 있는 남편을 만나려는 한 가난한 여자가 직면하는 문제를 다루고 있다.

그녀는 비행장에서 며칠을 기다려야만 했는데 이것은 비행기 좌석을 담당하는 장교에게 뇌물을 줄 여유가 없어서 탑승허가가 계속 거부되었기 때문이었다. 1974년에 출간된 "딕과 댕"에서 라오스사회의 어떤 인간들의 행위에서 두 마리의 개와 그 주인들의 행동을 비교하였던 것이다

음식찌꺼기를 두고 서로 싸우는 두 마리 개를 두고, 개의 주인들이 계속해서 자신들의 애완동물의 싸움을 지켜보는 것이다. 이것은 한편으로는 비평의 간접적인 특성이 작가를 보호한다는 것이고, 동시에 두 마리의 개가 라오스에 있는 그 자체가 이러한 형태의 특별히 물고 뜯는 상황을 비교함으로 경멸스럽게 관찰된다는 사실이다.

1975년 공산주의가 승리한 후에 아웃신은 지금까지와는 크게 다른 분위기하에 작가로서의 경력을 이어나갔다. 공산혁명 후 첫 10년 간, 그는 처음에는 국립출판사에 근무하다가 이어서 모스크바의 진보출판사에 고용되어서 영어와 프랑스 작품을 라오스어로 번역하였다.

새로운 공산정권 초기에, 작가들 모두가 혁명군사당국에 조사당했고 작가의 모든 경력을 기록하였다. 이러한 프로젝트의 주요

한 업적은 1982년에 출간된 **시엥 콩 콩 라티 빌라손 파비바트**(혁명영웅들의 정책의 반향소리)라는 작품이었다. 아웃신도 역시 문학과 문화에 공헌한 한 잡지인 **바나신**의 설립자 중 한 사람이었는데 현재까지 라오스의 가장 중요한 문학출판인으로 존재하고 있다.

"어머니의 사랑" 전집 중 두 이야기는 혁명 후 몇 년간의 전형적인 문학으로 구성되어있다. 1990년에 출간된 "공헌"에서 사회의 지위고하에 관계없이 국가에 충성하는 방법을 제시한 것이었다.

이 이야기의 배경은 1988년인데 라오스와 태국이 짧은 기간 격렬하게 국경분쟁이 있었던 해였다.

주인공은 구두수선으로 생계를 유지하던 한 가난한 남자이다. 이야기가 시작되면, 이 구두수선공은 한 고객이 맡겨 놓은 구두 한 켤레를 찾으러 가게에 오지 않아 당황스러워한다는 것이다.

마침내 구두 주인이 나타났을 때, 그는 군복을 입었고 한쪽 다리가 없는 상태였다. 그 남자는 국경 전쟁에 자원입대했고 그래서 부상을 입어 절름발이로 돌아왔다고 설명했다. 구두 수선공은 아무런 대가없이 이 부상병에게 구두를 주었다. 그는 심지어 천한 구두수선공도 자기 나름대로 국가의 전쟁에 공헌할 수 있음을 자랑스러워했다.

1978년에 출간된 두 번째 이야기 "진정한 미인"도 이 시대의 다른 작품구성과 유사한데 혁명에서 라오스 여성의 역할을 묘사했다. 이런 형태의 이야기에서, 혁명 전 부패한 자본주의 사회에 억압당했던 한 라오스 여성이 마침내 혁명단원으로부터 존경과 사랑을 발견한다는 내용이다이 이야기의 영웅, 팽캄이라는 한 젊은 여성은 가난하다는 이유로 별 인기를 끌지 못하였다. 이 이야기 초반 전개에 나오는 라오스 라무앙 춤 파티에서 그녀의 옷이 유행에 뒤떨어질 뿐만 아니라, 서양식 춤을 못추기 때문에 춤 상대를 찾지 못하였다.

그러나 마침내 한 남자가 그녀에게 관심을 나타내고 사적인 이야기를 통해서 가난한 사람들, 농부, 소작인 그리고 노동자들의 진정한 가치를 이해하게 되었다

오직 혁명 후 팽캄은 그녀를 찬미하는 사람들은 바로 라오스 인민군들이라는 사실을 알게 되었다. 혁명전 댄스장에서 그녀의 경쟁자였던 돈 많은 여자들은 공산주의 혁명 승리 후 시골로 추방되었거나, 재교육시설인 여자수감 섬[61]에 보내졌다.

1990년대, 아웃신은 문화공보부에 일하게 되었다. 그는 **파 코로파**(탐욕스러운 줄무늬 뱀머리 모양의 고기)를 포함한 어린이 소설을 썼는데, 이것은 도덕적인 교훈 내용의 단편소설집이다.

그는 또한 간단한 라오스 고전시를 현대 젊은 세대들이 쉽게 읽을 수 있도록 다시 쓰기도 했다. 아웃신은 아내와 함께 시애틀의 워싱턴대학에서 1년 동안 미국학생들에게 라오스어를 가르쳤다.

라오스에 되돌아 온 후, 마하 실라 비라봉씨에 의해 설립된 문학잡지의 뒤를 이어 파프 남이라는 이름의 출판사를 설립했다.

그의 많은 작품은 환경문제에 관심을 가지고 있다. 원래 1980년에 출간된 "프란지파니"(*[식물] 열대 아메리카산 협죽도과(科)의 관목(재스민의 일종))에서 타마린드나무(*[식물] 타마린드(열대

61) 비엔티안 북부 남금댐의 호수 속에 있는 섬으로 탈옥하기 어려운 감옥이다.

산 콩과의 상록수)가 비엔티안 근방에 전력시설공사로 파괴되는 사고를 묘사하고 있다.

또 다른 아웃신의 소설에서 공통적으로 언급되는 것은 라오스 주민과 전통적인 관습의 지혜인 것이다. 1990년에 출간된 "포장된 재의 기쁨"에서, 한 수영자가 강둑에 두고 간 은혁대를 훔치는 마을소녀에 관한 이야기인데, 비록 나중에 자신의 행동에 죄의식을 느끼지만, 훔친 물건을 되돌려 줌으로 도둑으로 몰릴까 두려워한다는 내용이다.

문제는 전통적인 방법으로 지혜롭게 해결된다. 혁대가 분실된 강둑에 나타난 모든 주민들이 마을 촌장 집으로 재를 바나나 잎으로 포장한 한 다발의 묶음을 가지고 오게 하였다.

바나나 잎 속에 훔친 은혁대를 넣은 소녀는 부끄럼없이 훔친 물건을 되돌려 줄 수 있었다. 이런 형태의 이야기는 단순히 라오스국민들이 자신의 문화감상에 대한 애국적인 표현을 하는 의도만은 아닌 것이다

이러한 이야기들은 규범화 되어가는 외국문화와 가치를 무비판적으로 받아들이는 것과 함께 급격한 속도의 현대화에 대한 강한 경고인 것이다. 아웃신은 동시에 전통문화가 점점 더 문화유산에서 멀어져가고 외국문화 수입을 초래하는 단순한 목적으로 박물관이 변모되고 있는 사실들을 적고 있다.

최근에 라오스사회는 증가하는 서구의 문화적인 충격의 결과로 빠른 변화를 겪고 있다. 1990년대 말, 비엔티안은 지난 10년간과는 현저하게 다르다. 라오스 사람은 라오스와 서구의 관계는 라오스의 단순한 서구화 뿐 아니라, 서구에서 라오스 사회의 이

해의 폭을 넓히기를 바라고 있다

아웃신에 의한 단편소설집도 바로 이러한 방향으로의 발걸음을 의미한다. 이 책에서 수집된 소설은 이 시대의 라오스 문학을 소개해줄 뿐만 아니라 라오스 사회의 변화하는 상태를 향한 가치있는 통찰력을 제공한다. 즉, 혁명전부터 현재에 이르기까지의 라오스 작가들의 작품을 전체적으로 조명하는 것이다.

ແພງແມ່/ Mother's Beloved

1) 어머니의 사랑[62]

소달구지가 다닐 만큼의 오솔길을 걷고 있었다. 두 시간 동안 밀림을 지나 걸은 다음, 우리는 넓은 밭에 도달했다. 오른쪽 길

---

62) 바운행 인버신과 다니엘 듀피(Bounheng Inversin and Daniel Duffy)에 의한 영어판 번역임

건너에 목화, 들깨, 오이 그리고 다른 유용한 작물의 밭이었다.

멀리 떨어진 곳에 키 작은 나무를 그림자로 덮고 있는 코코넛 나무를 보았다. 나무 사이에서 두 세 개의 지붕을 보였는데 무성한 나뭇잎 사이로 다른 몇 채는 잘 보이지 않았다. 마침내 우리는 목적지에 다가갔다

이번 여행에 두 사람의 신문기자와 동행했다. 그들은 마을의 문맹률에 대한 정보를 수집하기 위하여 나는 교수학습용으로 민속이야기를 기록하기 위하여 왔다. 내가 오솔길을 따라 걸을 때, 내 의식의 표면에 어떤 감상과 추억이 떠올랐다. 떠나고 돌아오는 고향에 대한 회상에 잠겼다. 이러한 감상적인 기억의 파편 속에 나는 불어오는 바람에서 키오 잔디풀의 코를 자극하는 강한 냄새를 맡을 수 있었다.

대나무 가지들이 서로 부딪치면서 내는 소리도 마음에 떠올랐다. 멀리서 매미들이 날개를 부벼대며 내는 아름다운 음악소리도 내 귀에 메아리쳤다. 이 모든 소리가 내 고향의 친숙한 분위기를 생각나게 했지만 사실은 나의 여행 동반자중 하나인 분캄의 고향에 가고 있었던 것이다.

그가 전에 살았던 마을이 시야에 들어오자, 분캄은 기쁨에 넘쳐 소리쳤다.

“고향을 떠나온지 어언 20년이구나. 내 고향으로 향하는 오솔길을 보는 순간, 모든 피로가 사라지는 것 같아! 내 추억 속에 새겨진 그림같아.“

분캄의 목소리는 웃음으로 가득했다.

분캄은 이곳에서 태어났고 겨우 8살 때 어머니가 돌아가셨다

고 말했다. 아버지는 다른 마을 여자와 재혼했고 가족은 전쟁과 분쟁으로 마을이 황폐화되는 몇 년간 이 마을 저 마을로 이사를 다녀야만 했다. 지금까지 분캄은 고향으로 돌아갈 기회가 없었던 것이다. 외삼촌이 아직 마을에 살고 있긴 하지만 나이가 너무 많았다.

분캄은 외삼촌에게 드릴 감사의 선물로 분유 2통을 준비했다. 이것은 오솔길이 울퉁불퉁 너무 험했고 더 준비를 해도 무거워서 운반할 수가 없었기 때문이었다.

"마을에 있는 분들이 당신을 기억할까?"

"기억하리라고 생각지 않아. 하지만 마을 분들에게 외삼촌 집을 물어볼꺼야, 내가 정확하게 기억을 못하기 때문이지."

우리는 계속 걸어가면서 풍성한 정원과 이 곳 저 곳에 보이는 목초지를 바라보며 경탄하였다. 그때 우리 왼쪽 정원에서 여러 가지 채소가 담긴 바구니를 가진 임산부 아주머니가 나타났다.

분캄이 정중하게 물었다.

"사바이디, 아주머니! 어디 사시나요?" (사바이디: 라오스 인사말)

"예, 이 근처에 살아요."

낯설은 사람을 경계하면서 머뭇거리며 대답했다

"우리는 도시에서 왔어요. 저는 이 마을 출신이고요. 하지만 아주 오래 전에 마을 떠났어요. 다시 찾아 돌아왔지요."

분캄은 여자의 미심쩍어하는 것을 풀어주기를 바라면서 설명했다.

"오, 그래요? 나는 이곳에서 자란 당신 나이 또래는 기억하지 못하겠네요. 당신은 누구의 아들이거나 조카예요?"

우리는 그녀에게 우리의 이름을 말해 주었고 분캄은 부모와 외삼촌의 이름을 언급했다. 임신한 여자는 분캄에게 외삼촌을 잘 안다고 말했다. 외삼촌은 마을의 남쪽에 산다고 했다. 그녀는 마을의 북쪽에 살고 있으며 이름이 매푼이라했다. 분캄은 그런 이름은 들어본 적이 없는 표정이었다. 그럼에도 불구하고, 마치 그녀를 기억하는 것처럼 대답하였다.

"오, 매푼, 요즈음 마을형편은 어때요?"

아주머니가 마을은 평온하다고 대답했다.

"먹을 식량이 충분하고 수지 타산도 잘 맞답니다."

"많은 곡식을 팔긴 하지만 길이 험해서 이동하는데 어려워 이익이 적답니다."

말을 마친 후 그녀는 길 오른쪽 논 쪽으로 내려갔다. 그녀는 돼지에게 먹일 풀을 뜯어야 된다고 했다. 분캄은 가방에서 분유 한통을 끄집어내어 그녀를 불렀다.

"잠깐만, 아주머니! 이거 받으세요. 이 분유통 받으세요."

"복 많이 받으세요."

아주머니는 감사를 표한 다음 다른 방향으로 가버렸다. 우리는 아까처럼 같은 오솔길을 따라 계속 걸었다. 나는 분캄의 따뜻한 마음을 칭찬했다. 그는 특별히 외삼촌에게 줄 분유 2통 중 1통을 전혀 모르는 사람에게 주어 버린 것이다. 내가 자랑스러움과 행복하게 들은 분캄의 대답은 이러했다.

"우리 가족은 이처럼 행하라고 가르침을 받았네. 어머니께서 우리가 음식을 가지고 갈 때 임신한 여자를 만나면 음식을 나누어 주어야한다 라고 했네. 음식의 양이 많든 적든 음식의 일부를 주어야 하네. 이것이 우리의 전통이네. 이 마을의 많은 사람들이 그렇게 한다네. 어머니께서 아버지에게 들려준 이야기를 아버지가 나에게 해 주었지"

분캄은 계속했다.

"어머니께서 나를 가졌을 때, 마을 밖으로 걷고 싶어 하셨어. 어느 날 오솔길을 따라 걷고 있을 때 우연히 사냥을 마치고 돌아오는 5-6명의 마을 사람들을 만났데. 그들은 한 마리의 사슴만 잡았는데, 바로 껍질을 벗기고 고기를 가르기 시작했네. 사냥꾼들은 고기 일부를 어머니에게 주시고 나머지 사람들에게도 똑 같이 나누었다네. 이것은 우리 전통에 의하면 임신한 여자의 권리라네. 제일 큰 몫을 차지한 사람은 바로 사냥총의 주인이라네. 그는 두 배의 배당-즉 머리, 네 다리 그리고 껍질-을 받게 된다네.

"그날 저녁 우리 식구들은 (번영과 행운의)사슴고기를 배불리 먹었지. 나중에 새벽녘에 어머니께서 사내아이를 낳았는데 그가 바로 고향을 향해 걸어가고 있는 바로 이 사람이지."

우리는 너무 기뻤다. 신문기자 한 사람이 농담을 했다.

"그 사슴이 분캄으로 환생했음에 틀림없지, 아무렴."

"마을 사람들도 그렇게 생각하지. 만일 그 사슴이 다른 사슴으로 환생했다면, 아마 또 총을 맞았을 거야. 내가 마을 사람들에게 여러 번 이야기를 들었기 때문에, 이 지역의 수풀 속에는 더 이상 사슴은 없는 거야."

"엄청난 손실인 걸"

내가 덧붙이자 분캄은 그의 이야기를 계속하였다.

"임신한 여자는 뱃속에 있는 아기에게 영양을 공급하기 위해 많이 먹어야만 하지. 임신한 여자가 음식을 가진 누군가를 보게 되면, 마치 코끼리라도 먹을 수 있을 만큼 심한 식욕에 사로잡히지. 어떤 임산부가 이런 사실을 말해 주었지. 그런데 만일 그 사람이 음식을 나누어 주지 않으면, 그 임산부는 결코 잊지 못하지. 그녀에게 동정을 베풀지 않는 사람에게 나쁜 감정이 남아 있게 되지.

아버지 말씀에 따르면, 어머니께서는 사슴에게 미안한 느낌이 들어 사슴고기를 결코 먹지는 않았지만 어머니 몫으로 준 사슴고기는 가족에게 가지고 왔었지. 그래서 가족 모두가 사슴고기 랍(Laap)[63]을 먹는 기회를 가진 거야.

내가 태어났을 때, 어머니는 특별히 나를 사랑하셨지. 하지만 어머니는 이후 성장한 아들의 행복해 하는 얼굴을 볼 기회가 없었지. 어머니께서는 내 이름을 분캄이라 지었지. 하지만 어머니께서는 나를 내 사랑 또는 '어머니의 사랑'이라고 부르길 좋아하셨지."

바로 이 순간, 우리는 마을로 향하는 문에 다가갔다. 길은 험했고 분캄의 이야기로 내 머리 속은 소용돌이쳤다. 나는 임신한 어머니의 방향으로 되돌아보았다. 그녀는 이미 들판에서 사라졌지만 내 기억 속에 남아 있었다. 처음으로 나는 이 세상에 태어날지도 모르는 조그마한 존재를 도울 수 있는 공통의 의무감을 느꼈다.

63) Laap은 갖은 양념과 잘게 간 고기로 만든 전통 요리. "번영과 행운"을 의미한다.

ແຮງເສຍສລະ/ Sacrifice

2) 자원봉사

자전거타기--바람이 불어오면 시원하지요.

나는 늘 이런 생각을 하며 스스로 위안을 삼는다. 하지만 편하긴 하지만 특히 비가 흠뻑 내리거나 뜨거운 태양 아래서는 자전거타기는 자동차나 모터사이클 탈 때 보다는 확실히 덜 매혹적이다. 더운 날씨에 지친 지전거타기 후에 부드러운 산들바람이 불어오면 위의 문장을 몇 번이나 반복해 읽기를 좋아한다.

자전거타기--바람이 불어오면 시원하지요.

비록 이 더운 날씨에 자전거 페달을 밟는 일이 지치지만, 오히려 길을 따라 걸어야만 사람들에게는 미안한 느낌이 든다. 뜨거운 태양아래 내가 자전거타는 것 보다는 사람들이 서있는 것이 더 비참하다고 느꼈기 때문에 그들에게 자전거 타기를 권해볼 생각이었다.

그러나 나는 감히 아무도 모르기 때문에 권해보지 않는다. 게다가 나 자신이 꽤 어려운 상황에 있기 때문이다. 편안함을 권하고 접촉하기 위해서 사람은 사회적으로 높은 지위에 있어야만 한다. 모터사이클이나 승용차타기를 권하는 것이 더 적합할지 모른다. 그러다가 어느 날 누군가 뜻밖에 나와 함께 자전거타기를 할 것이다.

"안녕, 친구, 어떻게 지내요? 오랜만이네요. 자전거 타도 돼요?"

그는 손을 흔들며 내 자전거를 멈추게 했고 아주 친숙하게 그리고 다정스러운 태도로 인사했다. 나는 어안이 벙벙했다. 나는 이 사람을 어디에서 만났는지 기억이 나지 않았지만 그가 나에게 다정하게 다가옴으로 다정하게 답례를 해야 했다. 그래서 내 자전거에 50킬로그램 이상의 몸무게가 더해져서 나는 움직이기 위해서 페달을 더 힘껏 밟아야만 했다.

"그래, 어디까지 가시는데요?"

"오, 멀지 않아요! 곧 내릴거예요."

"2키로미터 이상 태워줄 수 없어요. 알겠어요? 우리집이 거기에 있어요"

내가 그에게 주의를 환기 시켰다.

"오, 그 전에 내릴거예요."

그가 나를 안심시켰다. 자전거 타기 내내, 그는 오늘 직장까지 걸어가야 하는지에 대해 이야기하였다. 그의 집에는 자전거가 두 대 있는데 하나는 부서졌고 나머지 한 대는 아내가 여행 서류를 가지러 친정에 갔다는 것이었다.

그러더니 그는 내 자전거의 성능에 대해 감탄을 했다. 자전거가 튼튼하고 페달도 부드럽고 그리고 승차감도 좋고 크게 힘들지 않는다는 등등... 대부분 나는 듣기만 했다. 나는 몇 번이나 궁금한 생각이 들었다: 이 남자는 누구지? 이름이 뭐였더라? 이 사람의 정체를 알아보지 못함에 매우 곤혹스러웠지만 둔감하게 물으면 그가 이런 식으로 대답할까 걱정이 되었다.

"에이, 친구 날 기억 못하는가 보지?"

아마 이 사람은 옛날 내가 알았던 많은 사람들 중 한 사람일 것이다. 이렇게 생각하고 스스로 만족해서 자전거 페달을 조용히

밟았다.

조금 후 그가 소리질렀다.

"다 왔어요, 다 왔어요! 내릴겁니다, 알았어요?"

내가 멈출 필요도 없이 그는 재빨리 내렸다. 나는 헤어지기 전 그에게 환한 얼굴로 돌아보았다. 그는 고마워하며 동지애를 나타내는 뜻으로 손을 흔들었다.

나도 고개를 끄덕인 후 내 갈길을 계속 갔다. 내 기억력이 의심스럽기 때문에 그를 무례한 낯선 사람으로 비난하고 싶지 않았다. 그래 낯선 사람이라면 어떻단 말인가? 아무 해로울 일도 없었잖아.

사실, 처음 보는 낯선 사람이 걸어갔을 때보다 더 빠르게 목적지까지 갈 수 있도록 도움을 줄 수 있었다는 사실에 행복을 느꼈다. 적어도 자전거를 태워줌으로 그의 피로를 경감해 주었다는 것이다.

다른 사람을 돕는다는 것은 기쁜 일이다. 그러나 인간은 자신의 품위, 자존심 그리고 사회적인 상호작용을 위한 잘 정의된 계획을 가지고 있는데, 특히 대도시에서 다른 사람이 접근해 오면 조심스럽게 관찰하는 것이다.

어떤 사람은 도움이 필요하지만 천시당하고 경멸당할까 두려워 감히 청하지 못한다. 또 어떤 사람들은 도와주려고 하지만 도와줄려는 태도가 나쁜 의도로 오인될까 걱정하여 망설이는 것이다. 이것이 도움을 필요로 하는 사람이나 도움을 주려는 사람이 비록 같은 길을 함께 여행하더라도 서로 같이 만나지 못하는 이유이다.

여러 날이 지난 오월의 어느 더운 날, 집으로 돌아오는 길에 한 노인이 길옆에 서있는 것을 보았다. 그의 시선은 지나가는 모든 차량들을 걱정스럽게 바라보고 있었다. 내가 가까이 다가가자 그의 눈과 마주쳤다. 그의 얼굴표정과 눈은 도움을 청하는 간절한 모습이었다. 자전거를 멈추고 다가갔다.

"아저씨, 어디로 갑니까?" 이렇게 묻자

"우리 집 식하브로 간다오."

"제가 태워드릴까요? 댁까지 모셔다 드리지요."

"오, 그래요. 부탁해요."

그래서 나는 또 생판모르는 이를 태우게 되었다. 그 노인은 우리 집과는 다른 방향에 살고 있었지만 끝까지 태워주기로 결정했다. 나는 방향을 바꾸었다. 나는 기분이 좋아 혼자 흥얼거렸다.

자전거타기--바람이 불어오면 시원하지요.

또 다른 경우, 오토바이 한 대를 떠맡게 되었다. 한 친구가 시골로 볼일 보러 가는 동안 그의 초록색 혼다를 돌보아 달라고 부탁했다. 그는 독신으로 노동자 기숙사에 기거하기 때문에 그가 떠난 후 오토바이를 사용하도록 허락했다. 그래서 그 오토바이는 매일 출근하는 수송수단이 되었고 분실되거나 부서질까봐 아주 조심스럽게 다루었다. 내가 맡은 2주 동안 나의 부주의와 과시욕 때문에 연이어 재미있는 일이 많이 일어났다.

어떤 더운 날 택시를 기다리는 나보다 4-5세 더 들어 보이는 30대의 한 여자를 보았다. 그녀는 손을 흔들어 차를 부르고 있었다. 처음에 나는 나를 부르는 줄 알았지만 택시 한 대가 그녀에게 천천히 다가가고 있었다. 하지만 나는 그 택시가 손님이 가득

차있었으므로 멈추지 않았다. 나는 그녀에게 다가가서 말했다.

"택시는 손님이 만원입니다. 그래서 서지 않을 겁니다. 제가 태워드릴까요? 집까지 모셔다 드릴께요."

"왜 그래요? 제가 왜 타야 되는데요?"

그녀는 기분 나쁜 듯 탁 쏘아 부쳤다.

"요금은 필요 없구요. 공짜로 태워드리지요."

진지하게 말했다.

"공짜든 말든 당신이 제게 요금을 준다 해도 안 탈거예요."

"뜨거운 햇볕아래 서 있는걸 봤어요. 좋은 뜻으로 말했어요."

"알아요. 좋은 뜻이지만 기대하지 말아요. 고맙지만 사양하겠어요."

나는 지체하지 않고 즉시 그녀 곁를 떠나 뒤돌아보지도 않았다. 나의 몸짓이 오해를 불러일으킨 것 같았다. 그녀를 판단하고 싶지 않았다. 낯선 사람이 태워준다고 해서 거절했던 그녀가 옳았을지는 모른다.

그녀는 경계심이 강하고 조심스러웠다. 왜 고상한 여자가 낯선 남자와 함께 가겠는가? 내내 그녀가 한 말을 생각했다:

"고맙지만 사양하겠어요."

아니, 내가 그렇게 잘못 보였다는데 불쾌하지는 않았다. 대신 기분이 좋아졌고 오토바이를 몰면서 크게 웃었다. 그래도 특히 내 명예를 지키는 좋은 의도인 경우 다른 사람을 돕는 일을 그만두지 않았다. 처음엔 성공하지 못하더라도 그 다음부터 어떻게 되는지 다시 시도하기로 했다. 상대편 반응이 좋지 않다면 다른 시도를 하지 않을지 모른다.

어느 날 아침 평상시처럼 직장에 가는 길이였다. 내 오토바이로 후아 무옹거리에 접근했을 때 한 젊은 여자가 한손에 핀토(운반용 금속 가방)를 들고 서있었는데 오토바이 때문에 물이 튀었다.

나는 속력을 줄여서 바로 그 여자 아주 가까이에 가까스로 멈추었다. 나는 오토바이에서 내려 잠시 짐짓 이곳저곳을 살펴보는 척했다. 그런 다음 다시 출발하려고 했다. 물론 별 이상이 없어서 바로 출발했다. 그녀에게 몸을 돌려 보았더니, 그녀는 몹시 안절부절하는 것 같아 서둘러 그녀에게 빨리 다가갔다.

"실례입니다만 누구를 기다리세요?"

"글쎄요, 어..음 택시를 기다리고 있어요."

그녀가 걱정스럽게 말했다.

"급하시면 제가 모셔다 드릴까요?"

"글쎄요. 그게 좀.. 어.. 음 병원에 계신 어머니에게 이 음식을 갖다 드려야 하는데.."

"제가 태워드려도 될까요?"

나의 제안에 크게 기뻐하면서 고맙게 청을 받아들였다. 나는 병원 입구까지 태워 줬다. 내리며 그녀는 다시 한번 감사를 표했고 각기 갈 길을 갔다. 나는 5분 일찍 직장에 도착했다.

2주가 지나갔다. 내 친구가 오토바이를 찾으러 왔다. 오토바이는 나를 믿고 처음 맡겨 놓았을 때와 같은 좋은 상태였다. 그는 내가 필요하면 언제든지 기분 좋게 빌려줄 수 있다고 했다. 고등학교부터 좋은 친구였기 때문이다.

그래서 나는 다시 내 오토바이를 타게 되었다. 내가 나이 드신 분들이 길가에 기다리고 있는 보게 되면 이따금 내 오토바이에 태워드린다. 특별히 내가 가는 방향과 같거나 목적지가 크게 멀지 않으면 태워드린다. 어떤 사람들은 내 제안을 거절하는데 아마 자전거 뒤에 타는 것이 편안하지 않아서 그러할 것이다. 그러나 나는 청하지 않는 여자들에게는 절대로 태워주려고 제안하지 않기로 했다.

에필로그

토요일 밤에, 출혈성 댕기열로 병원에 입원해 있는 조카에게 갔다.이 전염병은 비엔티안 시에 벌써 3개월째에 돌입했다. 1987년 5월에 발병하여 전지역에 퍼진 이 특별한 병은 모두에게 매우 심각한 것이었다.

의사들은 환자를 돌보면서 다양한 예방법을 제시했다. 그중 아이들에게 추천하는 것은 많은 수분, 코코넛, 밀감 등 다른 과일쥬스 등의 섭취를 권했다.

어떤 사람들은 아이를 보호하기 위해 병원에 머물기도 했다. 여기서는 많은 이야기도 들었다. 여기에는 전통적인 민간요법, 약과 병원 다니는 교통에 관한 것들이었다.

그러더니 한 여자의 목소리가 터져 나왔다. "저도 그래요. 저도 병원에 오는데 문제가 있었어요. 저는 택시 탈 형편이 안 되었어요. 특히 지금 두 아이가 동시에 아파요. 어느 날 내 큰 딸이 병원에 오면서 택시를 너무 오래 기다려야만 했어요. 그때 오토바이 한 대가 멈추더니 타라고 해서 정말 빨리 오게 되었지요. 알다시피, 그런 분이 아직도 있다는 사실이 멋지군요."

그녀가 칭찬하는 오토바이 운전자가 나였다는 사실이 믿기 어려웠다. 왜냐하면 그 일은 오래전에 일어난 일이었기 때문이었다. 아마 그 여자는 무심코 그 일을 말하고 싶었고 그 일이 바로 어제나 그저께 일어난 것처럼 계속해서 그 이야기를 반복했다.

나는 정말로 그녀가 말하고 있는 사람이 내가 아니라고 하고 싶었다. 어쨌든, 정말로 누군가가 그녀의 딸을 태워줬을지도 모른다. 그러나 아직까지 친절하고 너그러운 사람에 대한 이야기를 듣는다는 것이 아주 행복하다는 느낌은 어쩔 수 없었다.

그래서 아직도 나는 자전거를 탈 때마다, 심지어 산들바람이 불지 않아도 내 마음은 시원함을 느끼고 있다.

ຈຳປາໜ້າບ້ານ/Frangipani

3) 프랜지파니(참파 꽃)

한때 우리 집 앞뜰에 맛있는 열매가 여는 타마린드(콩과 열대나무) 나무가 있었다. 더운 날 시원한 그늘을 만드는 가지는 멀리 넓게 뻗어있었다. 오래전에 내가 직접 심은 것이었다. 원래는 울타리 안에 있었는데 나중에 시당국 건설과에 도로를 넓히는 터라 울타리를 이동했더니 나무가 인도 쪽에 남아있게 되었다.

나무의 꼬투리는 달고 잎이 무성하여서 나는 이 타마린드나무를 아주 좋아하였다. 앞뜰에 생기를 주는 장식용 나무였다. 열대 몬순 계절이 다가오면 붉은 꽃은 마당을 덮었다. 조그마한 나무 꼬투리는 왕관모양으로 나타나서 온 가지에 달리는 것이었다. 나무 아래를 지나가는 모든 사람들이 놀랍고 경이로운 표정으로 올려다보았다.

게다가 지나가는 사람들이 잠시 머무르며 그늘을 즐겼다. 많은 학생들도 나무아래에서 인근학교가 파한 후 부모나 보호자를 기다리고 있었다. 이 어린 학생들은 교복차림이었다.

눈망울이 초롱초롱하고 사랑스러웠다. 어떤 학생은 서있고 혹은 앉아있거나 술래잡기하기도 했다. 이 아이들의 광경-행복에 겨운 미소와 농담-은 내가 항상 기억하는 대단한 것이었다. 어느 날 아이들을 바라보며 30 여 분을 보냈다. 검은 머리와 붉게 물든 이따금 오동통한 뺨을 바라보았다.

아이들의 순진함에서 행복을 발견했다. 천진난만하게 노는 아이들보다 더 즐겁고 가치 있는 광경은 없다는 말이 있다. 전적으로 동의 한다. 만약 사진기를 가지고 있다면 더 많은 시간을 스냅사진을 찍는데 보냈을지도 모른다.

타마린드 나무아래서 아이들의 노래, 웃음, 농담 그리고 심지어 하찮은 일로 서로 욕을 하고 서로 코웃음치는 일들을 보면 어린 시절 내가 바로 이 앞뜰에서 친구를 쫓아다녔던 과거가 생각나기도 했다.

포근함과 행복으로 가득했던 어린 시절을 생각할 때 마다 행복한 느낌이 들었다. 다시 한번 그때로 돌아가고 싶다.

아이들이 과일을 따려다가 꼬투리 몇 개 없어져도 관계하지 않았고 오히려 아이들이 나무에 올라가거나 꼬투리를 떨어뜨리기 위해 막대기를 던지다가 다칠까 걱정되었다. 여러 번 소리질렀다: “조심해라, 떨어질라! 봐라, 막대기가 머리에 떨어지잖아!”

내 고함소리에 아이들이 한동안 조용해졌다. 나무 위에 올라갔던 몇 녀석이 내려왔고 막대기를 던졌던 아이는 막대기를 아래로 떨어트렸다. 그러나 내가 뒤돌아 가는 순간 아이들의 유쾌한 소리가 다시 시작되는 것이었다.

나는 늘 아이들에게 이 타마린드 나무는 도로에 인접해 있어서 모두가 주인이라고 말했다. 우리 모두가 공유해야 하기 때문에 나무를 다치게 해서는 안 되며 이 나무가 이 도시와 우리들의 삶이 풍요롭게 한다고 했다. 나무가 있는 곳은 늘 행복이 있다. 오랫동안 내 삶은 이 타마린드 나무와 연결되어 있었다. 나무가 무성할 때면 나는 행복했고 나뭇잎이 떨어지면 공허함을 느꼈다.

나는 모든 신록을 사랑한다. 그리고 비엔티안의 모든 거리 양쪽에 가로수가 있었으면 했다. 그래서 어느 방향을 바라보아도 오직 나무만 볼 수 있었으면 좋겠다. 그렇게 되면 정말 신선하고 깨끗한 도시가 될 것이다.

어느날, 내가 직장에서 돌아왔을 때 슬퍼졌다. 타마린드 나무는 베어져 넘어져 있었기 때문이었다. 오직 나무 그루터기만 무릎높이로 남아 있었다. 가지들은 땅에 차곡차곡 쌓여있었다. 나의 앞마당은 텅 비어있었다.

산들바람이 더 불어왔고 나무가 베어져 더 멀리 볼 수 있었지만 커다란 손실로 내 가슴은 허전했다. 나는 서서 한동안 말을 잊었다. 그래도 큰 도로로 통하는 좁은 길 끝에 두 그루의 나무가 아직 그대로 있음을 알았다. 다만 꼭대기 나뭇가지만 잘려졌지만 다른 모든 나무들은 길가에 베어져 있었다. 나는 집으로 달려가 무슨 일이 있었느냐고 물었다.

“오늘 길가의 나무를 누가 잘랐어?” “도급업자들이지요. 그들 말에 의하면 나무가 전선을 설치하는데 방해가 된데요, 글쎄”라고 아내가 대답했다.

“제가 나무 전체를 자르지 말아달라고 여러 번 이야기했지요. 전선 설치에 방해가 되는 꼭대기 가지만 잘라달라고 했어요. 그래서 가지 몇 개는 남겨 놓아 겨우 나무가 살아남게 되었어요. 제 말을 안 들었어요. 그들은 단지 공사일꾼일 뿐이예요. 전기회사에서 온 직원이 아니구요. 그들이 부주의한 까닭이예요.”

“그랬구나! 이제는 여행자들에게 그늘을 줄 수도 없어! 그처럼 크게 자라자면 또 몇 년이 걸리겠지.” 나는 심하게 불평했다. 골목 입구에 시청 담당공무원이 살고 있었기 때문에 누군가 책임자가 와서 무슨 일이 벌어졌는지를 보라고 했다.

담당공무원이 도착하자 잠시 나무베기가 중단되었다. 그는 도급업자에게 낮은 가지들은 남겨 두라고 지시했다; 결국 이 도로의 나무들은 전선에 방해가 전혀 되지 않았다. 그것이 바로 나무가 도로에 있게 되는 이유이었다. 그 나무들은 겨우 살아남게 될 것이다.

그날 이후 내 뜰 앞에서 아이들의 소리가 더이상 들리지 않았다. 무서우리 만큼의 고요와 공허함이 있었고 나무가 한때 서 있었던 바깥은 태양이 작열하고 더웠다. 나는 마음 속에서 공허함을 느꼈다.

나는 그 나무와 거기에서 놀던 아이들의 소리가 너무 그립다. 여러날 동안 타마린드 나무 대신 어떤 나무를 심을까 갈등을 일으켰다. 아마 내가 별사과 나무를 심었을 것이다. 그 나무도 좋은 그늘을 제공해 주기 때문이다.

그러나 아마도 그 나무도 전선설치에 방해가 되어 높은 가지로 잘렸을 것이다. 나는 망고 나무나 그보다 더키가 큰 나무를 생각했지만 그 나무도 결국 잘려야만 했다. 게다가 과일나무는 아이들이 올라가 떨어지곤 하였다. 이런 저런 생각들로 심란해졌다. 그런 사고가 일어나기도 전에 내가 심장마비에 걸릴지도 몰랐다.

결국 나는 아름다운 꽃이 피는 관목을 생각했지만 돌아다닐 시간이 별로 없었다. 이런 생각에 골몰하며 뒷마당을 조사했다. 거기서 부엌 가까이 뒷마당 구석에 꽃이 핀 참파나무를 보게 되었다. 아름답고 하얀 꽃향기가 아침 · 오후 · 저녁 하늘에 퍼져나갔다

그래서 마침내 내 마당 앞거리를 따라서 세 그루의 프란지파니 나무를 적당한 거리와 공간을 확보하여 심었다. 아마 더 많이 심었을지도 모른다. 하지만 사람들이 너무 붐볐을지도 모른다고 걱정하였다. 참파는 잘 자라는 나무이다: 간단하게 가지 1피트정도의 길이로 땅에 묻으면 되는 것이다.

내 앞마당에 참파[64]를 심고, 참파가지를 잘라서 같은 골목에 살고 있는 이웃에게 나누어 주리라 결심했다. 조심해서 자른 가지를 같은 간격으로 심었다. 나무심기는 정말로 행복했고 다른 사람들도 같을 것이라 믿는다.

나뭇가지가 뿌리를 내리는 동안 사람들이 발로 차는 것과 동

64) *Champa*, or frangipani, 참파 또는 프란지파니; 라오스 국화(國花)

물들로부터 보호하기 위하여 이 어린 나무를 위해 울타리를 쳤다. 때 맞추어 물을 주었다. 비료도 주고 키우면서 잘 돌보았다. 몇 달이 지나자 내가 심은 참파는 천천히 새싹과 가지를 틔웠다.

몇 년 후 내 뜰 앞과 골목길을 따라 프란지파니의 무성한 잎으로 시원한 그늘이 드리웠다. 참파는 적당하게 자랐다. 일년 내내 꽃이 피는데 비가와도 바람이 불어도 햇볕이 따가워도 피었다. 라오스를 위한 영광의 꽃이었다.

내 앞뜰은 다시 활기가 넘친다. 지나가는 사람들이 잠시 걸음을 멈추고 더위를 식혔다. 아이들도 다시 와서 앉기도 하고 놀기도 한다. 다시 아이들의 행복한 소리를 들을 수 있다. 아이 몇은 꽃을 모아 목걸이와 화환을 만들어 목에나 손목에 걸기도 한다. 이런 아이들을 보면 행복한 기억 속으로 빠져들게 한다.

ຄົນງາມ/ What a Beauty!

4) 진정한 미인

람봉춤(라오스 전통 춤; 남녀가 한 쌍이 되어 큰 원을 그리며 상대를 바꾸어 가며 춘다. 남자는 안쪽에 여자는 바깥쪽에 위치한다)이 12번째 돌때까지 **팽캄**은 아직 한 번도 춤출 기회가 없었다. 열세번째 돌아가기 시작하였고 춤추는 모든 사람들은 즐거워하였다.

그녀는 시끄러운 음악을 연주하는 악단 바로 옆 긴 의자에 앉아 있었다. 갈렌드 꽃(파트너가 될 남자가 춤추고 싶은 여자에게 주는 생화 또는 비단으로 만든 꽃)을 주는 남자가 아무도 없기 때문에 혼자 앉아있는 단 한명의 아가씨였다. 그래서 그녀는 앉아서 무대에서 긴 머리와 나팔바지를 입은 가수가 부르는 역겨운 노래를 듣고 있었다.

그 노래에 전혀 흥미 없어도 그냥 어쩔 수 없이 듣고 있었다. 그녀의 뜻과는 관계없이 춤추는 사람들의 떠드는 소리가 귀에 들려왔다. 그녀는 달리 할 수 있는 방법이 없었기 때문에 음악을 들을 수밖에 없었다.

다른 사람들이 춤추는 동안 혼자 남아 있는 어색함을 숨기기 위해 그냥 들으며 시간을 보냈다. 거의 움직이지 않고 악단의 연주자를, 심지어 눈도 깜박이지도 않고 바라보면서 앉아 있었다.

친구들이 춤추는 마루를 부러움과 좌절감으로 바라보는 동안 꽤 긴 시간이 흘렀다.

마루에서는.......**라다폰**양이 춤을 주도하고 있었다. 라다폰은 약간 속물적인 미소를 계속 지었는데 예뻤고 이 전통 춤의 "후원자"에게 갈란드 꽃을 선물 받기로 선발되었기 때문이었다.

보통 후원자는 고위층의 부자이거나 회사대표로 이 춤 잔치의 비용을 내었다. 이 후원자는 갈란드 꽃다발을 선사할 아가씨를 선택할 수 있었다.

그 아가씨를 "갈란드 꽃 주인"라고 부른다. 춤이 한 바퀴 돌기 전에 선택된 아가씨는 마루의 중앙에 서서 후원자에게 갈란드 꽃을 주면 그 꽃을 그의 친구들에게 돌리는 것이다. 모든 친구들은 그 꽃을 함께 춤추고 싶은 아가씨에게 주게 되는 것이다.

라다폰양 다음 차례는 **손나파**양이었는데 다음 "갈란드 꽃 주인"으로 지명된 또 다른 미인이었다. 어두워 질 때까지 그녀가 매번 돌때마다 계속해서 춤을 추었다. 그러나 가장 우아하고 모든 남자들의 시선을 끈 아가씨는 **파비칫**양이었다.

그 다음은 **오나농**양이었는데 뾰족한 코와 둥근 눈썹이 이 춤 마루에 스타로 잘 어울렸다. 사랑스러운 것과 같이 이 아가씨들도 아름다운 애칭이 있었다. 그 애칭은 길고, 정교하고 듣기에 유쾌하였지만 일반적인 라오스 이름과는 너무 달랐다. **팽캄**이라는 이름은 짧고 간단하고 기억하기 쉬웠다.

팽캄으로 말하자면 보여줄 갈란드 꽃도 없고 그녀에게 춤을 청하는 사람이 아무도, 심지어 단 한 번도 없었다. 그녀는 곧 그 밤의 광대처럼 수군거림과 조롱의 대상이 되었다.

라다폰은 손나파를 쳐다보곤 하였다 그러더니 빙긋이 웃었다 마치 팽캄을 "불쌍한 팽캄, 이번에도 춤추지 못할 거야." 하는 듯 힐끗 쳐다보면서 빙긋이 웃었다.

온 아농양은 아마 조롱하듯이 속삭였을지도 모른다, "불쌍한 팽캄. 계속 모기나 잡지. 여기 있는 남자들은 너무 냉정해. 최소한 단 한번이라도 춤을 청하지.. 다리라도 한번 펴게.."

팽캄은 다른 아가씨처럼 아름답지 못하다 할 수 있다. 의상도 최신 스타일이 아니었다. 현대 춤은 출줄 몰랐다. 그녀는 사회적으로 뛰어나지도, 인기도 없었다.

조용하고 겸손하였다. 꽤 가난한 집안의 딸처럼 그녀는 어머니의 카놈콕(점심도시락)65) 판매를 돕고 여섯 형제들을 돌보고 있다.

특히 위에서 이름을 언급한 다른 아가씨들은 부자들과 영향력 있는 사람들의 딸이거나 조카들이었다. 그 아가씨들은 쓸 돈이

---

65) 프라이팬에서 요리한 쌀 팬케이크, 새알모양 쌀전병

풍족했다

거의 매달 새 블라우스와 바지를 맞춰 입었고, 별 생각 없이 마구 한두 번 입고는 버리는 것이었다. 하지만 팽캄은 일년이나 이년에 겨우 블라우스 한 벌을 살 여유밖에 없었다.

그녀는 같은 옷을 계속 입어야만 했다. 이 많은 미인들 가운데 팽캄은 확실히 초라하게 보였다. 그래서 누구도 그녀에게 춤을 추자고 또한 관심조차 가지지 않았다. 그녀는 이 람봉 춤 행사에 혼자 남아 섭섭하고 어색하게 혼자 남아 있었다.

"글쎄...마치 내가 무슨 상품처럼 모든 사람이 조사하기 위해 마루 중앙에 서 있지 않는 것만으로도 다행한 일이야."라고 스스로 위안을 삼았다.

라무앙 마루에 젊은 여자들이 서 있는 것은 마치 상품 같아 보이는 것은 사실이다. 사회자는 주저 없이 이렇게 말할 것이다.

"이번 춤 회전에서 아름다운 갈란드 꽃 주인은 지금 라무앙(1960년대 말 유행했던 서양 춤) 스탠드에 올라 환한 미소를 짓고 있는 **손나파**양입니다.

진짜 미인입니다! 모두 아름답습니다--아름다운 발목, 멋진 다리, 엉덩이와 아름다운 가슴, 둥근 눈썹, 둥근 목 등, 오늘 밤의 완벽한 갈란드 꽃 주인입니다.

걸음걸이도 너무 아름답습니다. 자, 그녀에게 남자친구가 있는지 물어봅시다. 오.. 저 수줍어하는 미소를 보세요. 틀림없이 아직도 남자친구가 없다는 표시입니다. 자, 자 신사여러분 젊든 나이 들었든, 친하든 아니든 모두 와서 인사를 나누세요.

우리의 **손나파**양은 너무 친절하고 매력적이어서 누구든지 무시하지 않습니다. 자, 장군님.. 와서 우리의 미인에게서 갈란드 꽃을 받아주세요. 장군님은 너무 너그러우셔서 이번 춤 돌림에서 5만 킵을 약속하셨습니다.

만약 우리의 손나파양이 1분만 더 미소를 짓거나 장군님을 위해 위스키를 부어준다면, 틀림없이 오늘밤 탑이 올라가 10만 킵이 될 것입니다. 여기 장군님이 오십니다. 장군님을 위해 박수쳐 주세요. 감사합니다. 감사합니다. 오늘의 춤은 대박입니다."

밤이 늦어졌다. 마을의 축제는 점점 더 왁자지껄 시끄러워지고 라무앙춤은 20번째 돌아가고 있었다.

시간은 새벽 3시가 되었다. 그러나 아직도 팽캄은 춤을 추지 못하였다. 그녀는 전혀 즐겁지 않았다. 외로워서 집에가 잠자고 싶어졌지만, 축제 담당자들은 그녀에게 이리저리 시간 보내며 조금만 더 참아달라고 하였다. 이것은 마을 전체의 축제였기 때문이었다.

그녀는 하는 수 없어 남아 있었고 지루하였다. 어쨌든 그녀는 춤도 못추는데 축제담당자들이 춤추는 역할을 배당을 해서 조금 화가 났다. 차라리 갈란드 꽃탑의 입구에서 꽃을 팔았으면 더 좋았을 것이다. 이 일이 훨씬 더 적합하고 잘하는 일이었다. 정말로 이 라무앙축제에 아가씨가 여기 앉아있다는 자체가 너무 부적합한 일이었다. 조직위원회에서 완전히 인적자원을 잘못 사용하고 있다고 그녀는 감히 생각했다.

사회자가 21번째 춤이 돌아간다고 말했다. 이번도 다시 **온 아농** 양이 "갈란드 꽃의 주인"이 되었다. 갈란드 꽃이 마루에 도착되었고 또 나누어졌다 모든 남자들은 다음 차례에 함께 춤출 아가씨에게 갈란드 꽃을 주었다.

팽캄을 제외한 모든 아가씨들은 또다시 파트너와 춤을 추고 있었다. 팽캄은 약간 당혹스러웠지만 늘 그러했듯이 가능한 조용히 있으려고 노력했다. 실망하지도 않고 깊은 생각에 잠겨 계속 앉아있었다.

갑자기 깜짝 놀랐다. 눈을 믿을 수 없었다. 정말로 한 젊은 청년이 그녀 앞에 서서 갈란드 꽃을 주면서 말했다.

"아가씨, 저와 함께 이번 춤을 추실까요?"

그녀는 갈란드 꽃을 받고 호기심어린 눈으로 청년을 살펴보았다. 춤추던 다른 아가씨들도 놀랐다. 그리고 팽캄은 그녀들이 짓궂게 떠드는 소리를 들었다.

"야, 드디어 팽캄이 춤을 추는구나! 정말 놀랄 일이야"

"도대체 저 남자는 어디 출신이지? 아이고 저 복장을 좀봐...에이, 저 남자와 팽캄이 같이 있으니까 어울리는데."

모두가 낄낄대며 웃었다.

그날 밤 팽감에게는 처음이자 마지막 라무앙축제 춤이었다. 춤이 끝났을 때, 젊은이는 팽캄에게 감사를 표하고 떠났다. 그녀는 군중들 사이로 빠르게 사라지는 그를 지켜보았다. 그녀는 그를 잘 기억할 수 있었다. 춤 잔치에 온 다른 남자들과는 달리 건장한 몸과 좋은 태도, 단정한 용모였다. 또한 다른 남자들처럼 공격적이지도 않았고 나이는 대략 24-25살 정도로 보였다.

춤이 26번째 돌고 끝났을 때 아침 4시30분이었다.

일주일 뒤 그녀와 함께 춤추었던 그 낯선 청년이 찾아왔는데 그녀는 그때 늘 그랬듯이 집 앞에서 카놈콕(점심도시락)을 팔고 있었다. 그는 부드럽게 말을 건네며 카놈콕 6개를 샀다. 그는 이름도 직장도 사는 곳도 말하지 않았고 그녀도 묻지 않았는데 그냥 춤 한번 췄고 많은 고객들 중 한 사람일 뿐이었다.

그는 가난한 사람들과 농부와 생계를 위해서 열심히 일해야 하는 노동자에 이해와 관심을 표했다. 그도 역시 기쁘게 일하는 노동자라 하였는데 노동은 남을 속이지도 않고 술수도 필요가 없는 정직한 일이라 했다.

2년이 지나갔다. 이렇게 시작된 관계로 젊은이가 다시 찾아왔다. 이번에는 군복차림이었다. 팽캄은 공무원이 되어 있었다.

"오, 죄송해요. 저는 당신이 전에 군대에 있다는 것을 몰랐어요."

"저는 그 당시 당신이 너무 자주 오는 것을 원하지 않았어요. 왜냐하면 당신에게 곤란한 문제가 생길까 걱정했어요. 우파정권에 의해 너무 많이 통제되기 때문이에요."

팽캄은 덧붙여 말했다.

"알다시피 저는 해방 기간 동안 이 지역의 여자지도원이였어요."

"그리고 계속 춤추었던 그 아가씨들은 어떻게 되었나요? 무슨 일이 생겼나요?"

"오, 그 아가씨들은 멀리 갔어요. 그중 몇은 시골로 추방되었지요. 그리고 몇은 잘못해서 형편없이 되었지요. 그래서 정부는 그들을 돔낭(=사회개혁을 위해 창녀 따위를 보내었던 곳으로 **남굼** 댐 저수지의 중간에 위치한 섬)으로 재교육차 보냈지요. 개혁은 전혀 어렵지 않아요. 알다시피 그 아가씨들은 나쁜 국가 제도의 희생물일 뿐이지요."

"그것 참 잘 되었네요. 아마 그들은 지금쯤 사회에 쓸모 있는 사람이 되었을 거예요."

그와 팽캄은 계속해서 다정하게 서로 이해하면서 대화를 나누었다. 그에게 그녀는 가장 존경하고 찬미하는 아름다운 여자였다. 그리고 그것이야말로 그녀의 가장 아름다운 부분이었다.

ໜມົກເຖົ່າ/ Wrapped-Ash Delight

5) 포장된 재의 기쁨

낭퓨가 설거지를 마쳤을 때 해는 아직도 서산에 지지 않았다. 강 옆 나무위로 저녁 햇살이 빛나고 저 아래 유유히 흐르는 잔물결이 햇살에 반짝이고 있었다. 젖은 천을 잘 짜서 곱게 접어 소매에 걸치고는 강둑 쪽으로 올라가기 시작했다.

땅바닥이 무엇인가 반짝이는 것이 보였다. 집어 들고 유심히 살폈다. 아, 그것은 무게가 나가는 비싼 은제 혁대였다! 주변을 두리번거렸다. 몇 발자국 앞, 강 아래에서 두세 명의 사람들이 목욕을 하고 있었다.

그들은 그녀에게 전혀 관심이 없었다. 그래서 그녀는 그 습득물을 젖은 천에 숨겨서 비탈길을 따라 집으로 걸어갔다 심장이 불규칙하게 마구 뛰었다.

그녀는 아직도 혁대를 주인에게 돌려줄지 말지 결정하지 못했다. 그러나 첫 번째 반응은 가능하면 빨리 누군가가 그녀를 보기 전에 이 자리를 벗어나는 것이었다.

강둑에 올라가자마자 낭케와 마주쳤는데 그녀는 강을 따라 빠르게 걸으며 걱정스럽게 바라보았다.

"혹 내 은혁대를 못 봤니?"

"아니!"

랑퓨는 가능하면 목소리를 침착하게 자연스럽게 대답했다.

낭케는 더 이상 묻지 않고 강 쪽으로 계속 걸어갔다. 왜냐하면 잃어버린 물건을 서둘러 찾으려 했기 때문이다.

낭퓨가 집에 도착했을 때 혁대를 떨리는 손으로 어루만져 보았다. 훔치는 일이나 귀중품 찾기에 익숙하지 않았기 때문이었다. 허리에 혁대를 차고 거울 앞에서 이리저리 몸을 돌려 보았다. 거울에 비치는 근심과 걱정 그리고 불안함에 가득 찬 자신의 얼굴을 보았다.

"사람들이 이 혁대를 곧 찾아 낼 거야."

"아니 알지 못할 거야, 왜냐하면 많은 사람들이 늘 그곳에서 목욕을 했으니까, 마을사람들 모두가 그 곳을 이용하잖아."

그녀는 생각을 정리하면서 스스로 확신하였다.

"어머니나 아버지께 말씀드릴까?"

"글쎄, 그렇게 하면 부모님은 돌려주라고 하겠지. 하지만 나는 이미 낭케에게 못 보았다고 말했는데. 주변사람들에게 지금 말하는 것은 좋은 생각이 아니야."

낭퓨는 골치가 아팠지만 어찌할지 결정하지 못하였다. 한편으로는 은혁대를 돌려주고 싶기도 하지만 또 한편으로는 자신이 매우 가지고 싶기도 했다.

그녀의 부모는 명품이라고는 거의 없는 가난한 소작인이었다.

만일 그 혁대를 가지게 되면, 많은 시간이 흐른 뒤에야 찰 수 있을 것이다. 왜냐하면 그녀가 살고 있는 마을은 서로가 너무 잘 알고 있는 조그마한 시골 마을이기 때문이었다.

어떤 사람이 다른 사람에게서 물건을 빌리면 마을사람 모두가 바로 그 사실을 알아버린다. 시간이 많이 흘러야 이 잃어버린 물건에 대해 마을 사람들이 잊어버릴 것이다. 그때가 되어도 그녀는 부모에게 무엇이라 설명할 것인가? "이 혁대 어디에서 났느냐?"라고 물을지 모른다. 문제는 점점 더 커질 것이다. 부모가 어떻게 믿을 수 있도록 거짓말을 할까?

그녀가 살고 있는 도로의 맞은편 끝에서도 훨씬 떨어진 마을에 살고 있는 낭케에 대해 생각해 보았다. 그녀는 10대의 어린소녀고 그 은혁대를 산지 일 년도 채 못 되었다. 그 전에는 보통의 혁대를 차고 있었다. 그 혁대를 잊어버릴까 싶어 절대로 다른 사람이 사용하지 못하게 했다.

낭케의 어머니는 그녀가 겨우 열 살 때 돌아가셨다. 4년 후, 아버지는 재혼하였다. 새어머니가 이곳에 온지 2년이 되었다. 낭퓨는 돌아가신 낭케의 어머니 **파 소이**를 잘 기억하고 있었다. 6명의 아이들을 고아로 남겨두고 출산 후 과다출혈로 돌아가셨다. 온 마을이 슬퍼하였다.

낭퓨는 그 때의 슬픔을 생각하고는 혁대를 돌려주기로 했다. 하지만 아무도 모르게 돌려주어야 한다고 생각했다. 그 누구도 그녀의 혁대를 보지 못했고 돌려주지 않아도 아무런 문제가 되지 않았다. 나중에 문제가 생기면, 다른 마을 보석가게에서 언제든지 팔아버리면 된다고 생각했다.

그러나 그녀의 양심이 다른 사람의 물건을 되돌려 주지 않는 것이 옳지 않음을 일깨워 주었다. 그것은 죄를 짓는 것이다. 그녀는 혁대를 비밀장소에 숨겨 놓고 방을 나왔다. 걱정스럽게 낭케가 혹시 뒤따라올까 두리번거리며 살폈다.

바로 그날 밤, 마을의 지도자인 **쿠안 반**씨가 강가 옆 그 특별 구역에 해가 지기 전에 목욕한 모든 사람들을 자기 집에 참석하라고 했다.

강둑 옆에 집이 있는 **룽풍** 가족들이 그 당시 목욕한 많은 사람들의 증인으로 서게 되었다.

그들 가운데 낭퓨와 4-5명의 마을 어른들도 포함되었다. 마을 지도자 쿠안반씨와 마을 어른들이 그 상황을 설명한 후 혁대를 발견한 사람이 주인에게 돌려 줄 것을 권하였다. 열띤 토론이 끝난 후에도 아무도 죄를 지은 사람이 나타나지 않았다.

쿠안반씨는 결국 다른 방법으로 이 사건을 해결하기로 결정지었다. 이 사건에 포함된 모든 사람들은 바나나잎 꾸러미에 재를 포장해서 그의 집에 다음 날 저녁까지 가지고 와야 한다고 명을 내렸다.

이것은 죄지은 자에게 잘못을 다시 한번 생각해 보는 시간을 주려는 것이었다. 집으로 돌아오는 길에, 낭퓨는 가능하면 정상적인 사람처럼 행동하려고 애를 썼지만 그렇게 노력할수록 더 어색하게 되었다.

많은 사람들의 눈이 그녀가 가는 곳마다 따라다니는 것처럼 보였다. 기침도 어색하게 했다. 미소를 지어도 무미건조하고 공허한 표정이었다. 말을 해도 진지하지 못하였다. 마음이 무거웠다. 행복하지도 않았다.

그녀는 사람들이 자기 집에 와서 혁대를 찾을지도 모른다는 두려움에 휩싸였다. 다음 날, 방안에서 그 은혁대를 어떻게 할까 깊은 고민에 빠져 있을 때 대문에서 낭케의 목소리가 들려왔다.

"누구 없어요?"

낭퓨는 흠칫 놀랐다. 벽 가까이 가서 문구멍으로 바깥을 바라보았더니 낭케가 마당에 들어오는 것이었다. 갑자기 뒤뜰에서 옷감을 염색하고 있던 낭퓨의 어머니가 낭케에게 말했다.

"나 여기 있어!"

"아, 집안이 너무 조용해서 아무도 없는 줄 알았어요. 아주머니! 우리 어머니께서 후추 잎을 따려고 사다리 좀 빌려 오라고 했어요. 친척들에게 선물로 주려고요."

"알았어. 사다리가 헛간에 있거든. 그런데, 낭케야! 아직도 혁대 못 찾았니?"

"예, 아주머니. 영영 잊어버릴까 걱정되어요. 새어머니가 화를 많이내어요. 내가 잘못했다고 생각해요."

집안에서 낭퓨는 숨죽이며 듣고 있었다. 낭케가 더 이상 혁대를 찾으려고 오지 않았음을 확인하였고 조금 안심이 되어서 마당에 내려갔다.

"낭케야, 너의 어머니가 어디 가는데?"

목소리를 침착하게 그리고 아주 다정스럽게 물었다.

"어머니께서 **반락사오** 마을의 친척집에 가서 내 혁대가 어디

있는지 알려고 점쟁이에게 물으려 간다고 했어. 내일이나 모래쯤 갈꺼야.“

이 말을 듣자마자, 낭퓨는 더 걱정이 되었다. 그래서 서둘러 낭케를 사다리가 있는 헛간으로 안내했다. 사다리의 다른 한 쪽을 들어주면서 그녀 뒤를 따라갔다.

“그래 아직도 혁대를 찾지 못했니?”

“그래, 퓨야! 이곳저곳 다 찾아봤어. 너무 아쉬워.”

“아마 강에 빠뜨렸을 거야.”

낭케가 어떤 사람이 정말로 가져가지 않았다는 생각으로 마음을 돌리기 위해 말했다

“아냐, 그렇게 생각하지 않아. 그곳을 다 뒤져봤지만 찾지 못했어.”

두 사람은 앞문에 도착하였다. 낭퓨는 사다리를 내려놓았다. 사다리가 별로 무겁지 않아서 낭케가 혼자 가져가도록 했다.

그날 저녁 식사 후, 쿠안 반 씨 집에 다시 모였다. 이번에는 보통 때보다 더 많은 사람들이 모여들었다. 사람들이 이 사건을 지켜보기 위해 모여들었다. 재를 가지고 온 사람들은 서로 바구니로 덮은 꾸러미들을 가지고 빈방으로 걸어갔다.

이런 방식으로 하면 꾸러미 주인이 누군지도 모르게 되었다. 방에는 꾸러미들만 남게 되었고 방에서 나와 나머지 사람들과 함께 앉았다. 낭퓨도 재꾸러미를 다른 것들 사이에 놓았다.

재와 고추 등을 넣은 바나나 잎으로 싼 모든 꾸러미들은 훔친 사람의 심한 고통의 상징이었다. 마지막 꾸러미가 운반된 후, 쿠안 반 씨는 꾸러미 모두를 바깥으로 가지고 나와 모여든 많은

사람들 앞에 놓았다.

모든 사람들이 꾸러미들을 여는 기다리던 바로 그 순간이 오고야 말았다.

마을의 한 원로가 그 꾸러미를 여는 영예를 가지게 되었다. 그는 모든 꾸러미들을 하나씩 조심스럽고 조용하게 열어나갔다. 먼저, 모든 꾸러미를 함께 묶었던 막대기를 잡아당겼고 포장된 바나나 잎을 벗겨내었다. 그리고는 마지막에 막대기로 재를 천천히 휘저었다. 사람들은 걱정과 기대감으로 숨을 죽이고 있었다.

첫 번째 꾸러미는 재와 고추만 있었고 두 번째도 마찬가지였다. 세 번째 꾸러미를 시작하면서, 원로는 단지 두세 번만 재를 휘저었다. 혁대가 큰 물건이기 때문에 너무 막대기로 많이 찌를 필요가 없었기 때문이었다.

꾸러미를 열자마자 그 물건이 있는지 없는지 쉽게 볼 수 있었다. 다른 반지나 귀걸이처럼 꼼꼼하게 살펴볼 필요가 없었다.

꾸러미를 열 때마다 모여든 사람들의 관심이 집중되었다. 모든 사람들이 주의해서 지켜보았다. 한마디 말도 하지 않고 심지어 눈도 깜빡이지 않았다.

마치 땅에서 금괴를 파내는 것과 같은 분위기였다. 15번째 꾸러미까지 차분하게 열려졌지만 문제의 물건은 나타나지 않았다.

많은 사람들은 이렇게 하는 것은 시간 낭비라 생각했다. 16번, 17번 그리고 18번째 꾸러미에도 없었다. 원로는 약간 낙심했지만 그 일을 계속해 나갔다.

19번째 꾸러미의 막대기를 당기고 바나나 잎을 열었더니 많은 재가 쏟아져 나왔고 이윽고 빛나는 물건이 나타났다.

모든 사람들이 좋아 기뻐하였다. 재를 가지고 온 사람들과 마찬가지로 이 사건을 지켜보러온 사람들과, 물건을 되돌려 준 사람의 이름은 모르지만 모두 함께 기쁨에 넘쳐 비명을 질렀다.

제일 크게 기쁨의 비명을 지른 것은 물론 혁대의 주인인 낭케였는데 거의 행복에 숨이 막힐 정도였다. 이 시끄러운 소동은 이 마을이 수 세대에 걸쳐 함께 해온 사랑, 결속, 진실 그리고 이웃간의 형제애의 상징이었다.

재 꾸러미를 열어보기는 19번째에서 끝이 났다. 아직 5개가 남았지만 더 이상 열 필요가 없었다.

ລາຄາຂອງຄວາມຕາຍ/Death Price

6) 죽음의 댓가

모든 사람들은 그 사람이 진급한 방식을 싫어했다. 그는 겨우 통과한 초등학교 시험에서 자격증을 취득한 덕택으로 군대 입대하자마자 상등병이 되었다. 말을 아주 잘하는 능력 덕분에 상관의 꼬붕이 되어 계급이 중위까지 올라갔다. 사실, 진급은 아주 최근에 되었는데 그의 군복 견장에 어울리지 않는 번쩍이는 금속으로 장식했다.

그는 육군 수송부의 책임을 맡아 장교와 그 가족들을 비엔티안에서 다른 지방까지 이송하는 책임을 담당하고 있었다. 승객들은 그를 미스터 중위라는 이름으로만 알고 있었다.

그는 비행기 발판 바닥 오른쪽에 서서 마치 권력을 가진 대단한 권위자임을 분명히 하기 위해서 승객들로부터 탑승할 수 있는 사람들의 이름을 부르는 것이었다. 모든 사람들의 시선이 혹 자기 이름을 빠뜨릴지도 모른다는 생각에 걱정스럽게 그를 바라보았다.

통시도 비행기에 탑승하기 위해 기다리는 많은 승객 중 한 사람이었다.

양팔에 두 아이를 껴안았는데 셋째는 허리에 매달려있었다. 그녀의 남편은 므앙 수이에 주둔하고 있는 하급 장교였다.

그녀는 남편을 만나기 위해 여러 번 시도했지만 그럴 때마다 그녀의 이름은 부르지 않았다. 비행기를 타기 위해 다시 한 번 동이 틀 때까지 기다리기 시작했다. 미스터 중위는 일찍이 그녀의 이름을 부르며 조금만 참아 달라고 말했다.

첫 번째 비행기 탑승허가 명단에 그녀의 이름이 불릴 것으로 기다렸지만 그런 일은 일어나지 않았다. 대신 미스터 중위가 발표했다: "비행기가 만원입니다. 12시에 있는 두 번째 비행기를 기다려야합니다."

그래서 비행장에서 좀 더 기다리기로 했지만 먹을 음식도 물도 없었다.

12시가 되자 통시는 짐을 가득 실은 차 한 대에서 어떤 여자가 내리더니 곧 바로 미스터 중위에게 가는 것을 보았다. 그녀는 고급장교의 아내로 여러 지방을 돌며 요금도 내지 않고 군용기를 이용하여 장사를 할 수 있었던 여자였다

"높은 사람들이 이 물건들을 군인들에게 보내는 거예요. 그래서 화물이 너무 무거워 열 명 밖에 탈 수 없어요. 다음 비행기를 기다려야 됩니다."

뜨거운 오월의 태양이 시멘트로 된 활주로를 내리쬐고 있었다; 멀리서 보면 마치 화염처럼 이글거리는 것 같았다. 통시는 **루앙 프라방** 거리를 마주하고 있는 활주로 가장자리의 나무 그늘아래 앉아서 한 팔에는 태어난 지 6개월 된 아기에게 한 쪽 손으로 천천히 부채질을 했다.

다른 두 아이들은 그날 아침에 시장에서 사온 바나나 잎에 싼 밥을 먹고 있었다. 아이들은 세련되지 못한 것처럼 보였다. 남루하고 더럽고 옷도 헤졌다. 남편을 만나기 위해 그녀가 친척들에게 5천 킵이나 주고 빌린 옷이었다.

그러나 비행장까지 가도 헛수고가 되었고, 준비한 돈도 매일 기다리면서 음식 값으로 상당히 써버렸다. 이제 수중에 겨우 2천 킵만 남아 있었다. 최대한 절약하려고 했다.

그녀는 심지어 반지를 팔아 비행기를 타기위해 미스터 중위에게 뇌물을 줄려고 생각했지만 이 반지는 부모로부터 물려받은 마지막 재산이어서 주저했다. 어느 날인가 떠날 수 있기를 바라면서 계속 기다리기로 했다.

다른 많은 사람들도 기다리고 있었다. 그녀처럼 대부분은 하급 장교의 아내들이었다. 그들은 빨리 떠나기 위해서는 미스터 중위에게 뇌물을 줄 필요가 있다는 것을 잘 알고 있었다. 하지만 돈이 많지 않았기 때문에 비록 상황이 절망적이었지만, 마냥 차례를 참으며 기다리고 있었다.

미스터 중위가 승객들로부터 뇌물을 받는다는 사실은 널리 알려졌다. 장사꾼들이 인사할 때는 아주 우호적이었다. 그는 6개월 전에 이 비행장에 배치되었는데 벌써 큰 오토바이를 타고 길 위에서 방향을 이리 저리 바꾸며 과시하기 좋아하였다. 가장 비싼 담배를 피웠고 외식을 즐겼고 거의 매일 술을 마셨다.

세 번째 비행기는 엔진 고장으로 취소되었다. 모든 비행계획이 내일로 미루어졌다. 실망한 통시는 다시 집으로 돌아갔다.

다음 날, 통시는 미스터 중위 사무실에 들어가 애원했다. 특별히 호의를 베풀어 비행기를 타게 해 달라고 5백 킵을 끄집어내어 미스터 중위에게 주었다. 그러나 그는 그 돈을 거절하면서 그녀를 위해 최선을 다하고 있다고 했다. 분명히 그 금액이 그에게는 수고의 대가로는 "땅콩" 값밖에 안 되는 적은 돈이었다.

그날 아침 8시에, 통시와 아이들은 비행기를 타는 마지막 승객이 되었다. 그녀는 마침내 남편을 만나게 되어 너무 기뻤다. 그 순간, 통시는 지프차 한 대가 오더니 비행기 옆에 멈추어 서는 것을 보았다..

3명의 남자가 내려서 미스터 중위에게 가서 말을 했다. 세 사람은 마치 거물인 것처럼 거들먹거렸다.. 그들 중 한사람이 미스터 중위에게 별 생각 없이 인사했다. "어이, 친구, 잘 되어가나?"

그들과 한참을 이야기한 후 미스터 중위가 비행기에 오르더니 **통시**와 아이들 그리고 또 다른 운이 나쁜 승객들을 내리게 했고 대신 그 세 사람과 교체했다.

"당신은 아이들이 너무 많아서 다음 비행기를 기다려요. 높은 사람이 중요한 사업차 가기 때문이에요."

미스터 중위는 사실인 것처럼 짧게 말했다.

그날, 통시는 늦은 오후까지 기다렸지만 비행기는 다시 오지 않는다는 사실을 알았다 그녀는 미스터 중위가 자기를 그런 식으로 취급한 것이 분했다. 하지만, 그녀를 태우고 므앙 수이[66]까지 갈 예정이었던 비행기가 엔진 고장이 났다는 소식을 듣고는 갑자기 화가 풀어졌다. 그 비행기는 밀림 한가운데 추락해서 폭발했다고 하였다.

그녀는 자기가 만났던 그 불행하게 죽은 모든 승객들에게 미안한 느낌이 들었다. 그러나 그녀는 아이와 그녀를 사망자 명단에서 빠지게 해준 미스터 중위에게도 감사했다

이 사고 이후 미스터 중위는 여러 곳에서 비판을 받았고 사고로 죽은 많은 사람들이 승객 명단에도 없었기 때문에 나중에 군법회의에 회부되었다.

통시와 아이들은 승객 명단에 있었지만 생명을 구했다. 그녀는 5백 킵으로는 죽음을 살 수 없다는 사실을 알았다.

66) 므앙 수이; 돌단지 평원(라오스의 유네스코 문화유적 신청지) 근처에 위치한 유명한 왕립군대 주둔지

제VI부 라오스 문자와 생활회화

1. 라오스 언어의 특색

라오스의 언어는 인도 미얀마 계통의 기본적인 산스크리트어를 기본으로 하여 형성되었으며, 다양한 티벳-사이노 소수민족의 언어가 혼합되어 있다. 그런데 이 다양한 종족들 가운데서 특히 티벳계통의 종족들은 한국-일본과 같은 언어체계를 가진 것으로 연구되어 있다. 또한 이들은 신체적인 특성에서도 한국-일본인들과 DNA의 공통점을 보이고 있다. 앞에서도 언급한 바와 같이 James Martisoff 교수의 연구에서는 라후족의 말의 문장구조가 한국이나 일본의 문장구조와 아주 유사하다고 이미 밝힌 적이 있다. 또한 B. Su, C. Xaio, R.Charkraboty, L. Jin, 등의 연구에 의하면 유전학적으로 라후, 일본, 한국, 운남성, 티벳 지역의 혈통이 가장 유사한 것으로 밝히고 있으며, 김병호의 연구에 의하면 라후족의 언어 가운데 북한 사투리처럼 알아들을 수 있는 말이 많다고 한다. 이러한 현상은 7세기에 고구려가 망하고 당나라에 의하여 고구려족이 대거 이동하였다는 역사적인 사실과 연관이 된다. 필자가 조사한 결과에서도 나타나지만, 한자와 연관된 말의 숫자가 매우 많지만, 한국의 고대언어와 관련되는 것으로 추정되는 언어도 상당 수 발견된다.

사실상 란상왕국에서 독립해 나간 태국의 전신 샴 왕국의 경우 라오스와 거의 같은 체계를 가지고 있고 태국의 동북부와 서북부 지역은 라오스 민족의 말과 70% 동일한 언어를 쓰고 있다. 사실, 라오스 국민들은 태국의 TV 방송을 별다른 거부감을 느끼지 않고 시청할 수 있다.

라오스 언어는 태국과 캄보디아 미얀마 등 인도차이나 반도 전체에 걸쳐 유사한 언어를 가지고 오랫동안 생활한 역사를 가지고 있다. 비록 태국어 글자와는 상당히 다른 면을 가지고 있으나, 발음해보면 비슷한 단어가 매우 많아서 서로 사투리라고 할 정도로 이해할 수 있다.

그런데, 소수민족의 경우에는 매우 이해하기 어려운 언어로 구사하기 때문에 서로 알아듣지 못하는 경우가 많다고 한다.

2. 라오스의 글자

라오스 문자는 일종으로서 의성어 음운체계를 가지고 있다. 자음과 모음의 조합으로 이루어지는 방식은 한글과 비슷하지만, 성조가 6가지로 다르기 때문에 같은 자음이라도 다르게 표기된다. 외형은 태국과도 비슷하지만 태국보다는 약간 단순한 표기방식을 가지고 있다.

가. 자음

라오스어 자음은 높은 음 중간 음, 낮은 음에 따라 세 가지로 구분하여 사용한다. 즉 같은 ㄱ(k)를 나타내더라도 ຂ는 높은 소리이고 ຄ는 낮은 소리이다. 이와 같이 구분하여 라오스 언어는 태국과 캄보디아, 미얀마 등 인도차이나 반도 전체에 걸쳐 유사한 언어를 가지고 오랫동안 생활한 역사를 가지고 있다. 비록 태국어 글자와는 상당히 다른 면을 가지고 있으나, 발음해보면 비슷한 단어가 매우 많아서 서로 사투리라고 할 정도로 이해할 수 있다.

Lao 높은 소리	IPA	Sounds —Meanings
ຂ	kh	khaʹi/ egg 계란
ສ	s	sy̌y/ a tiger 호랑이
ຖ	th	thǒ/ a jug 주전자
ຜ	ph	phyỳŋ/ bees 벌
ຝ	f	fón/ rain 비
ຫ	h	haʹan/ a goose 거위
ຫງ	ŋ	ŋen / a civet cat 사향고양이(콧소리 긴-응어 소리)

ຫຍ	y	yâa/ grass 풀(어어 올라감)
ໝ ຫມ	m	máa/ a dog 개(마아아)
ໜ ຫນ	n	núu/ a rat 쥐(너어어)
ຫຼ ຫລ	l	láa/ a spinner 방적기(이이)
ຫວ	v	vĭi/ a comb 빗(브어)

Lao 중간소리	IPA	Sounds —Meanings
ກ	k 까	ka′i/ chicken 닭
ຈ	c 쪼	máajɔ̂ɔk/ a fox 여우
ຕ	t	tăa/ eyes 눈
ດ	d	dék/ a child 아이
ບ	b	bɛ̆ɛ/ a goat 염소
ປ	p	păa/ fish 물고기
ຢ	y	yăa/ medicine 약
ອ	ʔ	ʔɔ̆ɔ/ a bowl 사발

Lao 낮은자음	IPA	Sounds —Meanings
ຄ	kh	khai´/ a 들소
ງ	ŋ	ŋúa/ a cow 소
ງ	s	sàaŋ/ an elephant 코끼리
ຍ	y	yúŋ/ a mosquito 모기
ທ	th	thúŋ/ a flag 국기
ນ	n	no´k/ a bird 새
ມ	m	méεw/ a cat 고양이
ພ	ph	phúu/ mountain 산
ຟ	f	fâi/ fire 불
ຮ	h	hýa / a boat 배
ລ	l	líŋ/ a monkey 원숭이
ວ	v (w)	wíi/ a fan 선풍기
ຮ	l	
중자음 ດ		

나. 모음

라오스어 모음은 28 개로 구성되며 27가지의 소리를 낸다. 라오스 모음은 짧은소리, 긴소리, 그리고 복모음의 3 가지 그룹으로 나뉜다.

라오어에서 모음은 자음의 앞, 뒤, 좌, 우 상, 하에 붙어서 표시된다. 그러나 모음 그 자체는 위치가 있다. 예를 들면, 모음 k는, 항상 자음 뒤에만 오게 되고, 예를 들면 ກາ**(kaa/까마귀 crow)**와 같다. 또한 모음 '우'는, 항상 자음 밑에만 오며, 예를 들면 ປູ(puu/crab)와 같다. 자음을 둘러싸고 있는 모음은 하나의 소리를 내기 위하여 두 개 혹은 그 이상의 모음으로 구성된다.

예를 들면 모음 ເ , າ , 등과 결합되어 "ao"(암소 cow)를 표현한다. 이런 모음은 자음주변에 둘러싸여, 예를 들면 ຂ주변에 받침을 붙여 ເຂົ້າ(kao/rice)를 만들게 된다. 아래의 목록에서 "X"라는 표시는 자음이 위치하는 자리를 말한다.

Xິ 와 같이 짧은 '이' 발음은 Xີ 와 같이, 길게 '이--' 발음처럼 위의 뚜껑 모자가 길게 표시되어 있어 이이로 길게 소리내고 무척 쉽게 생각할 수 있다. 또한, '으' 발음의 경우도 마찬가지로 Xຶ 의 경우, Xື 로 표시되어 길게 '으으-'로 발음된다.

라오스 글자 옆에 발음이 비슷한 영어 스펠을 제시하였으니 연습에 도움이 되리라 믿는다.

1. 단모음	IPA	소리와 뜻	2. 장모음	IPA	소리와 뜻
Xະ 아	aʔ	káʔdaan/ blackboard	Xາ 아-	aa	tǎapaa/ fish eye
Xິ 이	iʔ	káʔpîʔ/ shrimp past	Xີ 이-	ii	pǐi/ year
Xຶ 으	y	maak-y / pumpkin	Xື 으-	yy	mýy/ hands
Xຸ 우	uʔ	kúʔ/ a bucket	Xູ 우-	uu	kǔu/ a teacher
ແXະ 에	ɛʔ	kɛ́ʔ/ a sheep	ແX 에- 어두운	ɛɛ	hɛ̌ɛ/ a fishing net
ເXະ 애 높은음	eʔ	téʔ/ kick	ເX 애-	ee	pěe/ a hammock
ໂXະ 오 높은음	oʔ	to / table	ໂX 오-	oo	pǎadǒo/ snake fish
ເXາະ 어 높은음	ɔʔ	bɔʔ/ a cushion	Xໍ 어-	ɔɔ	sɔɔ/ a pencil
Xົວະ 우아	uaʔ	tuaʔ/ lie	Xົວ 우-아	ua	hǔa/ head
ເXັຍະ 이야	iaʔ	liaʔ/ to lick	ເXຍ 이-야	ia	jǐa/ a bat
ເXືອະ 으아	yaʔ	thaapyaʔ/ to apply	ເXືອ 으-아	yya	sy̌a/ a tiger
ເXິ 어	ə	pepyyan / dirty	ເXີ 어-	əə	thuayfə̌ə/ a noodle soup bowl

다. 복모음 : a+ i, y, w, m, n, p, t, k, N (중성 + 종성)

라오어	IPA	소리와 뜻
ໄX 아이	ai	kăi/ far
ໃX 아이	ay	phăy/ who
ເXົາ 아오	aw	hăo/ lice
Xຳ 암	am	lám/ to sing
Xະ 아	aʔ	káʔdaan/ blackboard
Xາ 아아	aa	tăapaa/ fish eye
Xິ 이	iʔ	káʔpíʔ/ shrimp past
Xີ 이이	ii	pĭi/ year
Xຶ 으	y	maak-y / pumpkin
Xື 으으	yy	mýy/ hands
Xຸ 우	uʔ	kúʔ/ a bucket
Xູ 우우	uu	kŭu/ a teacher

ແXະ 애	ɛʔ	kɛ́ʔ/ a sheep
ແX 애애	ɛɛ	hɛ̌ɛ/ a fishing net
ເXະ 에(올림)	eʔ	téʔ/ kick
ເX 에에	ee	pěe/ a hammock
ໂXະ 오	oʔ	to / table
ໂX 오오	oo	pǎadǒo/ snake fish
ເXາະ 어	ɔʔ	bɔʔ/ a cushion
Xໍ 어어	ɔɔ	sɔɔ/ a pencil
Xົວະ 우아	uaʔ	tuaʔ/ lie
Xົວ 우우아	ua	hǔa/ head
ເXັຍ 이아	iaʔ	liaʔ/ to lick
ເXຍ 이이아	ia	jía/ a bat
ເXຶອ 으아	yaʔ	thaapyaʔ/ to apply
ເXືອ 으으아	yya	sǐa/ a tiger

ເXິ 어	ə	pɔpyyan / dirty
ເXີ 어어	əə	thuayfə̃ə/ a noodle soup bowl

라오스는 도시 3-4 곳을 제외하고는 아직 생활이 현대화되지 못하였고 많은 종족들이 산과 들에 옛날식 가옥에서 각기 살고 있다. 아래에 간단한 생활회화를 열거한다.

3. 라오스 회화

가. 기본 단어

안녕하세요	사바이디	좋다.	라이~
달, 월	드언	예(아니오)	맨(보)
날, 일	완	어디 있느냐?	유 싸이?
몇 시	짝 몽	식당	아한
몇 킬로미터	짝 킬로미터	시장	따랏
몇 미터에요 ?	짝미터 타오다이?	우체국	빠이사니
가다	빠이	오다	마
고맙습니다.	꼽짜이	괜찮아요	보뺀냥
잘가요	라껀	몸이 안 좋아	보 사바이디
이거, 여기	니	한국사람	콘 까오리
얼마에요?	타오다이?	일본사람	콘 니뿐
비싸네요	팽	중국 사람	콘 찐

싸네요	특	여관	호옹 팍
맛있어요.	쌥	화장실	호옹 남
팍치(향나는 풀)	팍코	메콩강	메남 메콩
조금	로이 능	많이	라이
볶은 밥	카오 팟	돼지	무
새우	꿍	소	느어이
계란	카이	닭	까이
먹다	낀	마시다	듬
친절하다	짜이디	기쁘다	디짜이
피곤하다	므어이	귀엽다	나학
안 좋다	보 디	친구	무

나. 라오스 숫자

໐, ສູນ	súun 순	0
໑, ໜຶ່ງ	nɯ́ŋ 능	1
`, ສອງ	sɔ̌ɔŋ 송	2
´, ສາມ	sǎam 삼	3
໔, ສີ່	si'i 시	4
—, ຫ້າ	hâa 하	5
໖, ຫົກ	hók 혹	6
໗, ເຈັດ	cét 쨋	7
໘, ແປດ	pɛ̂ɛt 뺏	8
໙, ເກົ້າ	kàw 까오	9
໑໐, ສິບ	síp 십	10

໑໑, ສິບ ເອັດ	síp-ét 십엣	11
໑`, ສິບ ສອງ	síp-sɔ̆ɔŋ 십송	12
໑´, ສິບສາມ	síp-săam 십삼	13
໑໔, ສິບສີ່	síp-si'i 십시	14
໑—, ສິບຫ້າ	síp-hâa 십하	15
໑໖, ສິບຫົກ	síp-hók 십혹	16
໑໗, ສິບເຈັດ	síp-cét 십셋	17
໑໘, ສິບແປດ	síp-pɛ̂ɛt 십팻	18
໑໙, ສິບເກົ້າ	síp-kàw 십까오	19
`0, ຊາວ	sáaw 싸오	20
`໑, ຊາວເອັດ	sáaw-ʔét 싸오엣	21
´0, ສາມສິບ	săam-síp 삼십	30
໔0, ສີ່ສິບ	si'i-síp 시십	40
໔໑, ສີ່ສິບເອັດ	si'i-síp-ʔét시십엣	41
—0, ຫ້າສິບ	hâa-síp 하십	50
—`, ຫ້າສິບສອງ	hâa-síp-sɔ̆ɔŋ	52
໖0, ຫົກສິບ	hók-síp	60
໖´, ຫົກສິບສາມ	hók-síp-săam	63
໗0, ເຈັດສິບ	ce´t-sɪ´p	70
໗໔, ເຈັດສິບສີ່	ce´t-sɪ´p-sɪ—ɪ	74
໘0, ແປດສິບ	pɛ̂ɛt-sɪ´p	80
໘—, ແປດສິບຫ້າ	pɛ̂ɛt-sɪ´p-hâa	85

໙໐, ເກົ້າສິບ	ka`w-sɪ´p	90
໙໖, ເກົ້າສິບຫົກ	ka`w-sɪ´p-ho´k	96
໑໐໐, ຮ້ອຍ, ໜຶ່ງຮ້ອຍ	hɔ`ɔj, nɯ´ŋhɔ`ɔj	100
`໐໐, ສອງຮ້ອຍ	sɔ̆ɔŋ hɔ`ɔj	200
໑໐໐໐, ພັນ, ໜຶ່ງພັນ	pha´n, nɯ´ŋpha´n	1,000
໑໐.໐໐໐, ໜຶ່ງໝື່ນ	nʉ—ŋmɨ—n	10,000
໑—.໐໐໐, ສິບຫ້າພັນ	síp hâa pha´n	15,000
`໐.໐໐໐, ຊາວພັນ	sáaw pha´n	20,000
`—.໐໐໐, ຊາວຫ້າພັນ	sáaw hâa pha´n	25,000
໑໐໐.໐໐໐	nɯ´ŋ sɛɛn, hɔ`ɔj pha´n	100,000
—໐໐.໐໐໐	ha´a hɔ`ɔj pha´n	500,000
໑.໐໐໐.໐໐໐	nɯ´ŋ la´an	1,000,000

다. 형용사

멀리---까아이 ໄກ　　가까이---까이 ໃກມ

크다---냐이 ໃນ　　작다---노이 ໜ້ອຍ

높다---숭 ສູງ　　낮다---룸 ລມ

빠른---와이 ໄວ　　늦게---사아 ຊ້າ

많다---라이 ຫຼາຍ　　적다---로이 ໜ້ອຍ

비싸다---팽 ແພງ　　싸다---특 ຖືກ

자주---랴이 ເລື່ອຍໆ　　볶은 것--- 팟 ຜັດ

안다---다이 ໃດ　　모른다---보다이 ບໍ ໃດ

똑똑한---깽 ເກ່ງ　　　늦다---끈 ຄົນ

뜨거운---르 ຫູ　　　주일---아팃 ອາທິດ

개월---드안 ເດືອນ

4. 생활회화 연습

회화 1 만남과 인사

안녕하세요	ສະບາຍ ດີ 사바이 디	sa-băaj dĭı Hello!
당신도 안녕하세요	ເຈົ້າ, ສະບາຍ ດີ 짜우 사바이 디	càw, sa-băaj dĭı Hello! You
잘가요	ໄປ ກ່ອນ 빠이 꼰	păj kōon Bye bye!
잘가요	ໄປ ດີ 빠이 디	păj dĭı Bye bye!

단어-- 사바이(좋다), 디(좋다), 짜우(너), 빠이(가다)

당신의 이름은 무엇입니까?	ຂໍໂທດ, ເຈົ້າຊື່ ຫຍັງ ? 코 토앗 짜우스 냥	khɔ̌ɔ thòot, càw sȳy ñăŋ? What is your name?
내 이름은 김(존)입니다.	ຂ້ອຍ ຊື່ ກມຈອນ 코이 스 김(존)	khôj sȳy kım cɔ̀ɔn My name is Kim John
그의 이름은 분미입니까?	ລາວ ຊື່ ບຸນມີ, ແມ່ນ ບໍ ? 라우 스'분미 메엔 보	láaw sȳy bŭnmíı, mēɛn bɔ̌ɔ? Is his name Bunmi?
예. 그의 이름은 분미입니다.	ແມ່ນ ແລ້ວ, ລາວ ຊື່ ບຸນມີ 메엔 레우 라우 스'분미	mēɛn lɛ̀ɛw, láaw sȳy bŭnmíı Yes, His name is Bunmi

단어-- 코토앗(미안), 스(이름), 코이(나는), 라우(그 사람),

맨보(그렇습니까?)

이 사람은 누구죠?	ນີ້ ແມ່ນ ໃຜ ? 니 맨 파이	nìı mɛ̄ɛn phǎy? Who is this?
이 사람은 내 아내입니다.	ນີ້ ແມ່ນ ເມຍ ຂ້ອຍ 니멘 미야코이	nìı mɛ̄ɛn mía khɔ̂j This is my wife.
저 분은 누구냐?	ນັ້ນ ແມ່ນ ໃຜ ? 난 멘 파이	nàn mɛ̄ɛn phǎj? Who is that?
저 사람은 내 친구입니다.	ນັ້ນ ແມ່ນ ໝູ່ ຂ້ອຍ 난 멘 무 코이	nàn mɛ̄ɛn mūu khɔ̂j That is my friend.

단어-- 니(이것), 맨(옳다), 파이(누구), 미야(아내) 코이(나의)

뭘 드실래요?	ເຈົ້າ ຊິ ເອົາ ຫຍັງ ? 짜우 시 아우 냥?	càw sī ǎw ñǎŋ ? What'll you have ?
나는 커피를 마실께요. 당신은?	ຂ້ອຍ ຊິ ເອົາ ກາເຟ, ເຈົ້າ ເດ ? 코이 시 아우 카페 짜우 데?	khɔ̂j sī ǎw kǎa-fée, càw dēe? I'll have coffee, and you ?
나는 차를 마실 거야.	ຂ້ອຍ ຊິ ເອົາ ນ້ຳ ຊາ 코이 시 아우 남 사	khɔ̂j sī ǎw nàm-sáa I'll have tea.

회화 2 식당

무얼 드실래요?	ເຈົ້າ ຢາກ ກິນ ຫຍັງ ? 짜우 약 낀 냥	càw jâak kǐn ñǎŋ ? What do you like to eat ?
나는 볶은밥 할래요.	ຂ້ອຍ ຢາກກິນ ເຂົ້າຜັດ 코이 약낀 카오팟	khɔ̂j jâak kǐn khâw-phát I'd like fried rice.
당신 친구는?	ໝູ່ ເຈົ້າ ເດ ? 뿌 짜우데	mūu càw, dēe ? How about your friend ?
그녀는 국수를 좋아해요.	ລາວ ຢາກ ກິນ ເຝີ 라우 약 낀 퍼	láaw jâak kǐn fə̌ə She'd like noodles.

단어-- 코이(나는), 냥(무엇), 짜우(너는), 아우(가지다, 먹다), 사(차), 남(물), 짜우데(당신은 어떤가?), 약낀(먹고 싶다), 냥(무엇), 카우(쌀), 팟(볶은) 퍼(국수)

볶은밥 맛있어요?	ເຂົ້າ ຜັດ, ແຊບ ບໍ 카오 팟 셉 보	khâw- phát, sɛ̀ɛp bɔ̌ɔ? Is the fried rice tasty?
맛있어요	ແຊບ ຫຼາຍ 셉 라이	sɛ̀ɛp lǎaj Very tasty!
뜨거운 것이 좋아요 안 좋아요?	ເຈົ້າ ມັກ ເຜັດ ຫຼື ບໍ່ ເຜັດ 짜우 막 팻 르 보 팻	càw māk phét lÿy bɔ̄ɔ phét? Do you like it hot ?
나는 뜨거운 것이 안 좋아요	ຂ້ອຍ ບໍ່ ມັກ ເຜັດ 코이 보 막 팻	khôj bɔ̄ɔ māk phét I don't like it hot.

단어-- 십(맛있다), 보?(그래?), 라이(매우), 막(좋다), 팻 (뜨거운),

르(아니면), 옌(차거운)

회화 3 국적

당신은 어디서 왔습니까?	ພວກເຈົ້າມາແຕ່ໃສ ? 푸악 짜우 마 때 사이	phùak càw máa tɛ̄ɛ sǎj Where do you come from ?
우리는 프랑스(한국)에 서 왔습니다.	ພວກຂ້ອຍມາແຕ່ ປະເທດຝຣັ່ງ (ກາວລຍ). 푸악 코이 마 때 파텟 파랑 (까오리)	phùak khôj máa tɛ̄ɛ pa-thèet falāng We come from France(Korea).
당신은 어때요	ພວກເຈົ້າເດ? 푸악짜우 대	phùak càw dee How about you ?
우리는 라오스에서 왔습니다.	ພວກຂ້ອຍມາແຕ່ລາວ. 푸악 코이 마 때 라우	phùak khôj máa tɛ̄ɛ láaw We come from Laos.

단어---- 푸악 짜우(당신들 복수), 마(오다) 떼(~에서) 사이(어디),

파텟(나라)

미안합니다. 라오스인 입니까?	ຂໍໂທດເຈົ້າເປັນຄົນລາວບໍ ? 코툿 짜우 뺀 꼰 라우 보	khɔ̌ɔ thòot, càw pěn khón láaw bɔ̌ɔ Excuse me, are you Lao?
맞습니다. 나는 라오인입니다.	ແມ່ນແລ້ວ ຂ້ອຍເປັນຄົນລາວ 맨 래우 코이 뺀 꼰 라우	mɛ̄ɛn lɛ́ɛw, khôj pěn khón láaw That's right, I am Lao.

어느 주에서 왔습니까?	ເຈົ້າມາແຕ່ແຂວງໃດ ? 짜우 마 때 컹 다이	càw máa tɛ̀ɛ khwɛ̌ɛŋ dǎj What province do you come from?
나는 루앙파방 주에서 왔습니다.	ຂ້ອຍມາແຕ່ແຂວງ ຫຼວງພະບາງ 코이 마 때 컹 루앙파방	khôj máa tɛ̀ɛ khwɛ̌ɛŋ lǔang phā-bǎaŋ I come from Luang Phabang.

단어-- 맨(맞다), 코톳(미안합니다), 맨(맞습니다). 마(왔다), 컹(주), 꼰

(사람) 보?(까?), 다이(어느, which),

그의 국적이 어딥니까?	ລາວເປັນຄົນຫຍັງ ? 라우 뺀 꼰 냥	làaw pěn khón ñǎŋ What nationality is he/she ?
그는 미국인이다.	ລາວເປັນຄົນ ອາເມລິກາ 라우 뺀 꼰 아메리까	láaw pěn khón améelīkǎa He/she is American.
그는 어느 주에서 왔습니까?	ລາວມາແຕ່ລັດໃດ ? 라우 마 때 랏 다이	láaw máa tɛ̀ɛ lāt dǎj What state does he/she come from?
그는 텍사스 출신입니다.	ລາວມາແຕ່ລັດ ເທັກຊັດ 라우 마 때 랏 택삿	láaw máa tɛ̀ɛ lāt thēksāt He/she comes from Texas.

단어-- 라우(그는), 뺀(어디). 랏(주), 마(오다), 다이(어느 which)

회화 4 직업

어떤 일을 합니까?	ເຈົ້າ ເຮັດການຫຍັງ ? 짜우 햇 깐 냥	càw hēt kǎan ñǎŋ What work do you do ?
나는 자원봉사자입니다	ຂ້ອຍເປັນອາສາສະໝັກ. 코이 뺀 아사 사막	khôj pěn ǎasǎasamák I am a volunteer.
당신은 어떤 회사와 일합니까?	ເຈົ້າ ເຮັດນຳອົງການໃດ ? 짜우 헛 남 깐 다이	càw hēt nám ǒŋkǎan dǎj What agency do you work with ?
나는 코이까에서 일합니다.	ຂ້ອຍເຮັດນຳອົງການຂ້ອຍກາ າ. 코이 헛 남 오깐 코이까	khôj hēt nám ǒŋkǎan kojkàa I work with KOICA.

단어-- 헛(일하다), 아사사막(봉사자), 막(한다), 남(어떤),

다이(할 수 있다), 다이(어떤 which), 오깐(함께)

학교우물 지원사업 준공기념

당신은 선생이지요?	ເຈົ້າເປັນຄູສອນແມ່ນບໍ ? 짜우 뻰 꾸손 맨 보	càw pĕn khúu-sɔ̆ɔn, mɛ̄ɛn bɔ̆ɔ You are a teacher, right?
아니요, 선생이 아니라 학생입니다.	ບໍ່, 보 ຂ້ອຍບໍ່ໄດ້ເປັນຄູສອນ, ຂ້ອຍເປັນນັກຮຽນ 코이 보 다이 뻰 쿠송 코이 뻰 낙 히안	bɔ̄ɔ, khɔ̆j bɔ̄ɔ dàj pĕn khúu -sɔ̆ɔn khɔ̆j pĕn nāk-hían No I am not a teacher; I am a student.
당신은 정부에서 일합니까?	ເຈົ້າເຮັດການ ນຳລັດບໍ? 짜우 헛 깐 남 랏 보	càw hēt kăan nám lāt bɔ̆ɔ Do you work for the Government ?
아니오. 나는 회사에서 일합니다.	ບໍ່, ຂ້ອຍເຮັດການນຳ ບໍລິສັດ 보 코이 헛 깐 남 보리삿	bɔ̄ɔ, khɔ̂j hēt kăan nám bɔ̆ɔlɪsát No, I work for a business.
어떤 회사에 다닙니까?	ບໍລິສັດໃດ ? 보리 삿 다이	bɔ̆ɔlɪsát dăj What business?

라오 관광회사	ບໍລິສັດ ທ່ອງທ່ຽວລາວ 보리삿 통 티오 라우	bɔ̌ɔlısát thɔ̄ɔŋ-thīaw láaw Lao Tour Company.

단어-- 맨보(맞습니까?), 꾸손(선생), 낙히안(학생), 헛(일한다),

랏(정부), 보리삿(회사), 다이(which, 어떤), 통티오(관광 tour)

간호사	ນາງພະຍາບານ 낭파냐반	náaŋ phāʔabǎan nurse
경찰	ຕຳລວດ 땀루앗	tamluat policeman
교육부	ກະຊວງສຶກສາທິການ 카수 안 슥 사 띠 깐	kasúaŋ sýksǎathīkǎan Ministry of Education
군인	ທະຫານ 타한	thāhǎan soldier
농부	ຊາວນາ 사우나	sáawnáa farmer
대사관	ສະຖານທູດ사탄툿	sáthǎanthùut embassy
선생	ຄູສອນ 쿠손	khúu-sɔ̌ɔn teacher
여행하다.	ທ່ອງທ່ຽວ 통 티오	thɔ̄ɔŋthīaw tour
외교관	ນັກການທູດ 나칸툿	nākkǎanthùut diplomat
유니세프	ອຸຍນິເຊັບ 유니셉	ʔǔjnīsēp UNICEF
의사	ໝໍ 모	mɔ̌ɔ doctor, medic
의사	ທານໝໍ 탄모	thāan mɔ̌ɔ M.D.
일본	ຍີ່ປຸ່ນ 이뿐	ʔipūn Japan
일하다	ເຮັດ ການ 햇 깐	hēt kǎan to work
자원봉사자	ອາສາສະໝັກ 아사사막	ʔǎasǎasámák volunteer
자이카	ໄຈກາ 짜이카	cǎykàa JAICA
정부	ລັດ 랏	lāt government
정부	ກະຊວງ 카수앙	kasúaŋ ministry
종업원	ພະນັກງານ 파낙안	phānākŋáan employee
학생	ນັກຮຽນ 낙히안	nākhían student
할 수 없다.	ບໍ່ໄດ້ເປັນ 보 다이 뻰	bɔ̄ɔ dày pěn not be
할 수 있다.	ໄດ້ 다이	dày can
호주	ອົສຕາລີ 오사따리	ʔòtsátāalíi Australia
회사	ບໍລິສັດ 보리삿	bɔ̌ɔlísát company
회사원	ນັກທຸລະກິດ낙투라낏	nākthūlākít businessman

회화 5 학교와 호텔

어디서 라오어를 공부했습니까?	ເຈົ້າຮຽນພາສາລາວຢູ່ໃສ? 짜우 히안 파사 라우 유 사이	càw hían pháasǎa láaw jūu sǎj Where did you study Lao?
동독대학에서 공부했습니다.	ຂ້ອຍຮຽນຢູ່ໂຮງຮຽນດົງໂດກ 코이 히안 유 홍 히안 동독	khôj hían jūu hóoŋhían dǒŋdôok I studied at Dongdok.
동독이 어디 있나?	ໂຮງຮຽນດົງໂດກຢູ່ໃສ ? 홍히안 동독 유사이	hóoŋhían dǒŋdôok jūu sǎj Where is Dongdok?
비엔티안에 있다.	ຢູ່ວຽງຈັນ 유 비앙짠	jūu wíaŋcǎn In Vientiane.
어디에 머물고 계신가요?	ເຈົ້າພັກຢູ່ໃສ ? 짜우 팍 유사이	càw phāk jūu sǎj Where do you stay?
나는 란상 호텔에 있는데 당신은?	ຂ້ອຍພັກຢູ່ໂຮງແຮມລ້ານຊ້າງ, ເຈົ້າເດ ? 코이 팍 유 홍햄 란상 짜우데?	khôj phāk jūu hóoŋhɛ́ɛm làan-sàaŋ, càw dȅe I stay at the Lane Xang Hotel, How about you?
나는 라오스 가정에 머물고 있다.	ຂ້ອຍພັກຢູ່ນຳລາວ 코이 팍 유남 컵쿠아 라우	khôj phāk jūu nám khòopkhúa láaw I stay with a Lao family.
당신은 어디서 태어났나?	ບ້ານເກີດເຈົ້າຢູ່ໃສ ? 반 껏 짜우 유 사이	bàan-kâət càw jūu sǎj Where were you born?
팍세에서	ຢູ່ປາກເຊ 유 팍세	jūu pâak-sée
당신은? 어디서 태어났나요?	ເຈົ້າເດ໊, ເຈົ້າເກີດຢູ່ໃສ ? 짜우데, 짜우껏 유사이	càw dȅe, càw kâət jūu sǎj In Pakse. you born?
나는 워싱턴에 있다.	ຂ້ອຍເກີດຢູ່ ວໍຊິງຕັນ 코이 껏 유 와싱딴	khôj kâət jūu wɔ́ɔsíŋtàn I stay in washington.

회화 6 용건

너는 학교가나?	ເຈົ້າຊິໄປໂຮງຮຽນບໍ ? 짜우시빠이 홍히얀 보	càw sī pǎj hóoŋ-hían bɔ̌ɔ Are you going to school?
예 Yes.	ໄປ 빠이	pǎj
일하러 가느냐?	ເຈົ້າຊິບໍ່ໄປຫ້ອງການບໍ ? 짜우시 보빠이 홍깐 보	càw sī bɔ̄ɔ pǎj hɔ̂ɔŋ-kǎan bɔ̌ɔ Aren't you going to work?
아니요.	ບໍ່, ບໍ່ໄປ 보 보빠이	bɔ̄ɔ bɔ̄ɔ pǎj No, I'm not.
너는 어디 가느냐 ?	ເຈົ້າຊິ ໄປ ໃສ ? 짜우시 빠이 사이	càw sī pǎj sǎj Where are you going
나는 집에 간다.	ຂ້ອຍຊິເມືອບ້ານ 코이 시 므아 반	khɔ̂j sī mýa bàan I'm going home.
그는 어디가나?	ລາວຊິໄປໃສ ? 라우 시 빠이 사이	láaw sī pǎj sǎj Where is he going?
그는 사러 간다.	ລາວຊິໄປຊື້ເຄື່ອງ 라우시 빠이 시 크앙	láaw sī pǎj sỳy khȳaŋ He's going shopping.
어디 갔다 왔나?	ເຈົ້າໄປໃສມາ ? 짜우 빠이 사이 마아	càw pǎj sǎj máa Where have you been ?
나는 병원에 갔다 왔다. 너는?	ຂ້ອຍໄປໂຮງໝໍມາ, ເຈົ້າເດ໋ ? 코이 빠이 홍모마 짜우 데	khɔ̂j pǎj hóoŋ-mɔ̌ɔ máa, càw dèe I've been to the hospital, and you ?
나는 친구를 보러 갔다 왔다.	ຂ້ອຍ ໄປຢ າມ ໝ່ ມາ 코이 빠이 얌 무 마	khɔ̂j pǎj jǎam mūu máa I've been to see a friend.
어디 갔다 왔나?	ເຈົ້າໄປໃສມາ ? 짜우 빠이 사이 마아	càw pǎj sǎj máa Where have you been ?
나는 병원에 갔다 왔다. 너는?	ຂ້ອຍໄປໂຮງໝໍມາ, ເຈົ້າເດ໋ ? 코이 빠이 홍모마 짜우데	khɔ̂j pǎj hóoŋ-mɔ̌ɔ máa, càw dèe I've been to the hospital, and you ?
나는 친구를 보러 갔다 왔다.	ຂ້ອຍ ໄປຢ າມ ໝ່ ມາ 코이 빠이 얌 무 마	khɔ̂j pǎj jǎam mūu máa I've been to see a friend.

단어-- 무(친구), 홍모(병원), 홍히안(학교), 빠이(예), 깐(일하러), 보(아니오)

여름방학 중인 초등학교

걷다.	ຍ່າງ 냥	ʔaŋ walk
공부하다.	ຮຽນໜັງສື 히안 낭스	hían năŋsŭɯ study
공항	ເດີ່ນຍົນ 던연	dōən y?n airfield
놀다	ຫຼິ້ນ 린	lǐn to play
돌아오다	ເມືອ 므아	mɯ́a to return
마당	ເດີ່ນ 던	dōən field, yard
마을	ເມືອງ 므앙	mɯ́aŋ town, district
물건 사다.	ຊື້ ເຄື່ອງ 스 크안	sɯ̀ɯ khɯ̄aŋ shop
병원	ໂຮງໝໍ 홍모	hóoŋmɔ̌ɔ hospital
보내다.	ສົ່ງ 송	sōŋ send
비행기	ຍົນ,ເຮືອບິນ 년 흐아빈	býn airplane
사다	ຊື້ 스으	sɯ̀ɯ buy

사무실	ຫ້ອງການ 홍깐	hɔ̂ɔŋkǎan office
산보	ຍ່າງ ຫຼິ້ນ 냥 린	ʔaŋ l̃in take a walk
스포츠	ກິລາ 끼라	kiláa sports
도시(시내)	ໃນ ເມືອງ 나이 므앙	náy mɯ́aŋ downtown
시장	ຕະຫຼາດ 따랏	talâat market
안	ໃນ 나이	náy in
우체국	ໄປສະນີ 빠이사니	pǎysaníi post office
이발하다.	ຕັດຜົມ 땃 폼	tátphǒm to cut hair
찾다	ຫາ 하아	hǎa to seek
편지	ຈົດໝາຍ 쫏 마이	cótmǎay letter

회화 7 물건이름

라오어로 워치를 뭐라고 합니까?	ພາສາລາວ watch ແປວ່າຫຍັງ ? 파사라오 워치 빼와 냥	pháasǎa láaw "watch" pɛ̌ɛ wāa nǎŋ How do you say "watch" in Lao?
워치는 라오어로 몽입니다.	ພາສາລາວ watch ແປວ່າໂມງ 파사 라오 워치 빼와 몽	pháasǎa làaw "watch" pɛ̌ɛ wāa móoŋ A watch is 'móoŋ' in Lao.
저기는 누구입니까?	ອັນນັ້ນແມ່ນຂອງໃຜ ? 안난 멘 콩 파이	ǎn nàn mɛ̄ɛn khǒɔŋ phǎj Whose is that?
그건 내 것입니다.	ອັນນັ້ນແມ່ນຂອງຂ້ອຍ 안난 멘 콩 코이	ǎn nàn mɛ̄ɛn khǒɔŋ khôj That's mine.
이건 당신의 것입니까?	ອັນນີ້ແມ່ນຂອງເຈົ້າບໍ ? 안난 맨 콩 짜우 보	ǎn nàn mɛ̄ɛn khǒɔŋ càw bǒɔ Is that yours?
예.	ເຈົ້າ, ແມ່ນແລ້ວ 짜우 맨 레우	càw, mɛ̄ɛn lɛ̀ɛw Yes, it is.

이것이 무엇입니까?	ອັນນີ້ແມ່ນຫຍັງ ? 안 니 맨 냥	ăn nìı mēɛn ñăŋ What is this?
이것은 볼펜입니다.	ອັນນີ້ແມ່ນບິກ 안 니 맨 빅	ăn nìı mēɛn bīk This is a ball pen
이것은 무엇이라 부릅니까?	ອັນນີ້ເອີ້ນວ່າຫຍັງ ? 안 니 언 와 냥	ăn nìı ə̀ən wāa ñăŋ What is this called?
이것은 연필입니다.	ອັນນີ້ເອີ້ນວ່າສໍດຳ 안니 안와 소담	ăn nìı ə̀ən wāa sɔɔ-dam This is called a "pencil"
이것은 테이블이입니까?	ອັນນີ້ແມ່ນໂຕະບໍ ? 안니 맨 또 보	ăn nìı mēɛn tō bɔ̆ɔ Is this (called) a table?
아니오. 이것은 테이블이 아닙니다.	ບໍ່, ອັນນັ້ນບໍ່ແມ່ນໂຕະ 보 안난 보 맨 또	bɔ̄ɔ, ăn nàn bɔ̄ɔ mēɛn tō No, this isn't (called) a table.
그러면 이것은 무엇입니까?	ຄັນຊັ້ນ, ເອີ້ນວ່າຫຍັງ 깐 산 언 와 냥	khán sàn ə̀ən wāa ñăŋ Then what is it called?
이것은 의자입니다.	ເອີ້ນວ່າຕັ່ງ 언 와 땅	ə̀ən wāa tāŋ It is (called) a chair.

단어-- 안(물건), 니(이것), 맨(무슨), 빅(볼펜), 소담(연필), 또(테이블), 땅(의자), 몽(시계), 언(부르다)

눈	ຕາ 따	tăa eye
담배	ຢາສູບ 야 숩	yăa-sûup tobacco
돈	ເງິນ 은	ŋə́n money
말하자면	ວ່າ 와	wāa to say; thus
문	ປະຕູ 빠뚜	patŭu door
물건	ຂອງ 콩	khɔ̆ɔŋ thing, article
물건	ອັນ 안	ʔăn thing, object
볼펜	ບິກ 빅	bīk ballpen
부르다	ເອີ້ນ 언	ʔə̀ən to call, name
불	ໄຟ 화이	fáy fire

사진 찍다	ຖ່າຍຮູບ 타이 훕	thāay-hùup to photograph
사진, 그림	ຮູບ 훕	hùup photo, picture
성냥	ກັບໄຟ 깝 파이	kápfáy match
시계	ໂມງ 몽	móoŋ watch, clock
안경	ແວ່ນຕາ 왠 따	wɛ̄ɛn-tǎa eyeglasses
의자	ຕັ່ງ 땅	tāŋ chair
이것	ນີ້ 니이	ǹii this
종이	ເຈ້ຍ 찌야	cìa paper
지갑	ກະເປົາເງິນ 까빠우 은	kapǎw-ŋə́n wallet, purse
창문	ປ່ອງຢ້ຽມ 뽕 이얌	pɔ̄ɔŋ-ỳiam window
책	ປຶ້ມ 픔	pɯ̀m book
책상	ໂຕະ 또	tō desk
칠판	ກະດານ 까단	kadǎan blackboard
카메라	ກ້ອງຖ່າຍຮູບ 꽁타이훕	kɔ̀ɔŋ-thāay-hùup Camera

회화 8 시간

언제 너의 공부가 시작되나?	ພວກເຈົ້າຮຽນຈັກໂມງ? 푸악 짜우 히안 짝 몽	phùak càw hían cák móoŋ What time do you begin class ?
우리는 9시에 시작한다.	ພວກຂ້ອຍຮຽນເກົ້າໂມງ 푸악 코이 히안 까우 몽	phùak khôj hían kàw móoŋ We begin at 9 o'clock.
언제 공부가 끝납니까?	ພວກເຈົ້າເລີກຈັກໂມງ ? 푸악 짜우 락 짝 몽	phùak càw lə̀ək cák móoŋ What time do you finish class?
우리는 3시에 끝냅니다.	ພວກ ຂ້ອຍເລີກສາມໂມງ 푸악 코이 락 삼 몽	phùak khôj lə̀ək sǎam móoŋ We finish at 3 o'clock.

당신은, 아침을 몇시에 먹습니까?	ເຈົ້າກິນ ເຂົ້າເຊົ້າ ຈັກໂມງ ? 짜우 낀 카오 사우 짝 몽	càw kĭn khâw sàw cák móoŋ What time do you eat breakfast?
7시입니다.	ເຈັດໂມງ 쨋 몽	cét móoŋ Seven o'clock
점심은 몇시에 먹습니까?	ເຂົ້າທ່ຽງເດ້ ? 카오 티앙 데	khâw thīaŋ dêe And lunch?
나는 점심을 12시 30분에 먹는다.	ຂ້ອຍກິນເຂົ້າທ່ຽງສິບສອງໂມງເຄິ່ງ 코이 낀 카오 티앙 십송 몽 컹	khôj kĭn khâw thīaŋ síp-sŏoŋ móoŋ khēŋ I eat lunch at 12:30.
축구경기 보러 갈래	ເຈົ້າຢາກໄປເບິ່ງເຕະບານບໍ ? 짜우 약 빠이 방 때방 보	càw jâak păj bēŋ té-băan bŏo Would you like to go watch the soccer game ?
예, 언제 갈꺼냐?	ຢາກໄປ, ເຈົ້າຊິໄປຈັກໂມງ ? 약 빠이 짜우 시 빠이 짝 몽	jăak păj, càw sī păj cák móoŋ Yes, what time are you going ?
경기는 4시에 시작된다.	ເຕະບານຫຼິ້ນສີ່ໂມງ 때 반 린 시몽	té-băan lîn sīı móoŋ The game starts at 4 o'clock.
그럼 3시 30분에 만나자. 오케이?	ຄັນຊັ້ນ, ພໍ້ກັນສາມໂມງເຄິ່ງເນາະ 칸 산 포깐 삼 몽 컹 노	khán sàn, phòo kăn săam móoŋ khēŋ nō? Then, let's meet at 3:30, OK ?

회화 9 누가 어떻게

누구와 함께 사느냐?	ເຈົ້າຢູ່ກັບໃຜ ? 짜우 유 깝 파이	càw jūu káp phăj Who do you live with ?
나는 친구와 함께 산다.	ຂ້ອຍຢູ່ກັບໝູ່ຂ້ອຍ 코이 유 깝 무 코이	khôj jūu káp mūu khôj I live with my friend.
누구와 함께 학교 가느냐?	ເຈົ້າມາໂຮງຮຽນນຳໃຜ ? 짜우 마 홍히언 깝 파이	càw máa hóoŋ-hían káp phăj Who do you come to school with ?
나는 혼자 왔다.	ຂ້ອຍມາຜູ້ດຽວ 코이 마 푸 댜우	khôj máa phūu dĭawl come by myself.

어떻게 빡산에 왔느냐	ເຈົ້າມາປາກຊັນນຳຫຍັງ ? 짜우 마 빡산 남 냥	càw máa pâaksán nám ñăŋ How did you come to Paksan ?
차로 왔다.	ຂ້ອຍມານຳລົດ 코이 마 남 롯	khôj máa nám lōt I came by car.
왜 왔느냐	ເຈົ້າມາຫຍັງ ? 짜우 마 냥	càw máa ñăŋ Why did you come ?
사러 왔다.	ຂ້ອຍມາຊື້ເຄື່ອງ 코이 마 스 크앙	khôj máa sỳy khȳaŋ I came to buy something.
그들은 학교에 어떻게 오나?	ເຂົາເຈົ້າຂີ່ຫຍັງມາໂຮງຮຽນ ? 카오짜우 키 냥 마 홍 히안	khăwcàw khīı ñăŋ máa hóoŋ-hían How do they come to school ?
그들은 버스를 탄다.	ເຂົາເຈົ້າຂີ່ລົດເມມາ 카오짜우 키 롯 메 마	khăwcàw khīı lōt-mée máa They take the bus.
아짠은 어떻게?	ອາຈານດາລາເດ ? 아짠 다라 데	ăacăan dăaláa dẻe How about Ajan Dala ?
그녀는 차를 운전한다.	ລາວຂັບລົດມາ 라우 캅 롯 마	láaw kháp lōt máa She drives her car.

회화 10 도착

언제 여기 왔느냐?	ເຈົ້າມານີ້ມື້ໃດ ? 짜우 마 니 므 다이	càw máa nîı mỳy dăj When did you come here ?
나는 어제 왔다.	ຂ້ອຍມາມື້ວານນີ້ 코이 마 므완 니	khôj máa mỳy-wáan-nìı I came yesterday.
언제 돌아가나?	ເຈົ້າຊິເມືອມື້ໃດ ? 짜우 시 므아 므 다이	càw sī mýa mỳy dăj When will you return ?
나는 내일 돌아간다.	ຂ້ອຍຊິເມືອມື້ອື່ນ 코이 시 므아 므 은	khôj sī mýa mỳy-ȳyn I'll return tomorrow.
그들은 지난주에 도착했다.	ເຂົາເຈົ້າມາຮອດອາທິດແລ້ວນີ້ 카오짜우 마핫 아팃라우 니	khăwcàw máa hòɔt ăathīt lὲεw nìı They arrived last week.
나도 역시	ຂ້ອຍຄືກັນ. 코이 크 깐	khôj khýy kăn Me too.
그들은 오래 있을 건가?	ເຂົາເຈົ້າຊິຢູດົນບໍ່? 카오짜우 시유 돈 보	khăwcàw sī jūu dŏn bɔ̆ɔ Will they stay long?
아니 늦지 않아	ບໍ່, ບໍ່ດົນ 보 보돈	bɔ̄ɔ, bɔ̄ɔ dŏn No, not long.

회화 11 나이

얼마나 오래 공부 했습니까?	ພວກເຈົ້າຮຽນໄດ້ດົນປານໃດແລ້ວ? 푸악 짜우 히안 다이 돈 빤다이 레우	phùak càw hían dàj dǒn pǎandǎj lèew How long have you been studying?
우리는 3주 동안 공부 했습니다.	ເຮົາຮຽນໄດ້ສາມອາທິດແລ້ວ 하우 히안 다이 삼 아팃 레우	háw hían dàj sǎam ǎathīt lɛ̀ɛw We have been studying for 3 weeks.
얼마나 더 오래 공부할 거니?	ພວກເຈົ້າຊິຮຽນອີກດົນປານໃດ ? 푸악 짜우 시 히안 익 돈 빤다이	phùak càw sī hían îık dǒn pǎandǎj How much longer will you be studying ?
우리는 9개월간 더 공부할 겁니다.	ເຮົາຊິຮຽນອີກເກົ້າເດືອນ 하우 시 히안 익 까우 드안	háw sī hían îık kàw dɯ̌an We will be studying for 9 more months.
나이가 얼마입니까?	ອາຍເຈົ້າໄດ້ຈັກປີແລ້ວ ? 아뉴 짜우 다이 짝삐 레우	aañū càw dàj cák pǐı lɛ̀ɛw How old are you ?
나는 25세입니다.	ຂ້ອຍໄດ້ຊາວຫ້າປີແລ້ວ 코이 다이 싸우 하삐 레우	khôj dàj sáaw-hâa pǐı lɛ̀ɛw I am 25 years old.
사장은 얼마나?	ຫົວໜ້າເດ໋ ? 후아 나 데	hǔa-nâa dě̇e How about the boss ?
그는 40세입니다.	ລາວໄດ້ສີ່ສິບປີ 러우 다이 시십 삐	láaw dàj sīı-síp pǐı He is 40 years old.
공항까지는 차로 몇 분이나 걸립니까?	ຂັບລົດໄປເດີ່ນບິນ ໃຊ້ເວລາຈັກນາທີ? 캅 롯 빠이 다안 빈 사이 웨라 짝 나티	kháp lōt pǎj dēən-bǐn sàj weeláa cák naa-thíı How many minutes does it take to drive to the airport ?
20분 걸립니다.	ໃຊ້ເວລາຊາວນາທີ 사이 웨라 싸우나티	sàj weeláa sáaw náathíı It takes 20 minutes.
타낭 까지 얼마나 걸립니까?	ໄປທ່າງ່ອນໃຊ້ເວລາດົນປານໃດ ? 빠이 탕온 사이우아라 돈빤 다이	pǎj thāa-ŋɔ̄ɔn sàj weeláa dǒn pǎan-dǎj How long does it take to go to Tha-Ngon ?

한 시간 반 가량 걸립니다.	ໃຊ້ເວລາປະມານເຄິ່ງຊົ່ວໂມງ 사이 베라 빠만 컹 수아 몽	sàj weeláa pa-máan khōŋ sūa-móoŋ It takes about a half an hour.

회화 12 방향

세탁소는 어느 방향인가요?	ໄປຮ້ານຊັກເຄື່ອງໄປທາງໃດ ? 빠이 한삭 크앙 빠이탕 다이	pǎj hàan-sāk-khȳaŋ pǎj tháaŋ dǎj Which way is it to the laundry ?
곧 바로 가세요.	ຍ່າງໄປຊື່ໆ 냥 빠이 스스	ñāaŋ pǎj sȳy sȳy Walk straight ahead.
멀리 있어요?	ຢູ່ ໄກ ບໍ່ ? 유 까이 보	jūu kǎj bǒɔ Is it far ?
아니오. 가까워요.	ບໍ່,ຢູ່ໃກ້ໆນີ້ 보 유 까이 니	bōɔ, jūu kàj kàj nìi No, it's close to here
란상 호텔은 어느 쪽으로 갑니까?	ໄປໂຮງແຮມລ້ານຊ້າງ ໄປທາງໃດ ? 빠이 홍헴 란상 빠이 탕 다이	pǎj hóoŋ-hɛ́ɛm làan-sàaŋ pǎj tháaŋ dǎj Which way is it to the Lane Xang Hotel ?
바로 가서 오른 쪽으로 돌아라.	ໄປຊື່ໆ ແລ້ວລ້ຽວຂວາ 빠이 스스 러우 랴우 쿠아	pǎj sȳy sȳy lɛ̀ɛw lìaw khǔa Go straight ahead; then turn right.
어디서 돌아야 합니까?	ລ້ຽວຢູ່ໃສ ? 랴우 유 사이	lìaw jūu sǎj Where do I turn ?
샘에서 돌아가시오.	ລ້ຽວຢູ່ນ້ຳພຸ 랴우 유 남푸	lìaw jūu nàm-phū Turn at the fountain.
당신 집은 어디 있느냐?	ເຮືອນເຈົ້າຢູ່ໃສ ? 흐안 짜우 유 사이	hȳan càw jūu sǎj Where is your house ?
아침시장 앞에 있습니다.	ຢູ່ໜ້າຕະຫຼາດເຊົ້າ 유 나 따랏 사우	jūu nâa talâat sàw It's in front of the Morning Market.
어디에서?	ຢູ່ບ່ອນໃດ ? 유 본 다이	jūu bōɔn dǎj At what place ?

약국 옆에서.	ຢູ່ຂ້າງຮ້ານຂາຍຢາ 유ᄊ 캉한 카이야	jūu khâaŋ hàan-khǎaj-jǎa Beside the pharmacy.

회화 13 날짜

오늘은 무슨 요일입니까?	ມື້ນີ້ແມ່ນວັນຫຍັງ ? 므니 멘완 냥	mȳy-nìı mɛ̄ɛn wán ñǎŋ What is the day of the week?
오늘은 목요일입니다.	ມື້ນີ້ແມ່ນວັນ ພະຫັດ 므니멘완 파핫	mȳy-nìı mɛ̄ɛn wán phā-hát Today is Thursday.
오늘이 몇 일 인가요?	ວັນທີເທົ່າໃດ ? 완티 타우다이	wán thíı thāw-dǎj What is the day of the month?
20일입니다.	ວັນທີຊາວ 완티 사우	wán thíı sáaw It's the 20th
무슨 달에 가느냐?	ເຈົ້າຊິໄປເດືອນໃດ ? 짜우시 빠이 드안 다이	càw sī pǎj dȳan dǎj What month are you going?
나는 8월에 갑니다.	ຂ້ອຍຊິໄປເດືອນແປດ 코이시 빠이 드안 뻿	khôj sī pǎj dȳan pɛ̂ɛt I go in August.
당신은 다음해에 돌아옵니까?	ເຈົ້າຊິກັບມາປີໜ້າບໍ ?짜우시 깝마뻬나보	càw sī káp máa pǐı nâa bɔ̌ɔ Are you coming back next year?
아니오. 나는 올해 옵니다.	ບໍ່, ຂ້ອຍຊິກັບມາປີນີ້ 보, 코이시 깝마뻬니	bɔ̄ɔ, khôj sī káp máa pǐı nìı No, I am coming back this year.
TV를 자주 봅니까?	ເຈົ້າເບິ່ງໂທລະພາບເລື້ອຍໆບໍ່ ? 짜우 방 토라팝 랴이 랴이 보	càw bə̄ŋ thóolaphàap lȳaj lȳaj bɔ̌ɔ Do you watch TV often ?
아니오. 나는 오직 토요일과 일요일에만 봅니다.	ບໍ່, ຕາມທຳມະດາ ຂ້ອຍເບິ່ງແຕ່ ວັນເສົາກັບວັນອາທິດ 보 땀탐마데 코이 방 때 완 사우 깝와나 팃	bɔ̄ɔ, tǎam thámmadǎa khôj bə̄ŋ tɛ̄ɛ wán-sǎw wán-ǎathīt No, usually I watch TV just on Saturdays and Sundays.
당신은 어떤 것을 좋아합니까?	ເຈົ້າມັກເບິ່ງຫຍັງ ? 짜우 막 방 냥	càw māk bə̄ŋ ñǎŋ What do you like to watch ?

대부분, 나는 스포츠만 봅니다.	ສ່ວນຫຼາຍ 수완 라이 ຂອຍມັກເບິງແຕກິລາ 코이 막 방 때끼라	sūan lǎaj, khôj māk bēŋ tɛ̄ɛ kıláa Mostly, I watch just sports.

회화 14 의논

라오스 말은 배우기 어렵습니까?	ຮຽນພາສາລາວຍາກບໍ່ ? 히안파사 라오냑 보	hían pháasǎa láaw ñàak bɔɔ Is studying Lao difficult ?
아니, 전혀 어렵지 않아요.	ບໍ່, ບໍ່ຍາກດອກ 보, 보 냑 독	bɔ̄ɔ, bɔ̄ɔ ñàak dɔ̂ɔk No, it's not hard at all.
정말	ອີ່ຫຼີບໍ ? 이리보	īılǐı bɔ̌ɔ Really ?
정말, 그러나 지루하다.	ອີ່ຫຼີ, ແຕ່ເມື່ອຍຫຼາຍ 이리 떼마이 라이	īılǐı, tɛ̄ɛ mȳaj lǎaj Really, but it's tiring
마안하지만 뭐라고 말하셨나요?	ຂໍ ໂທດ, 코톳 ເຈົ້າຖາມວາຫຍັງເກາະ ?짜우 탐 와 냥 커	khɔ̌ɔ thòot, càw thǎam wāa ñǎŋ kō Excuse me, what did you ask ?
혹시 연필 있는지요?	ຂ້ອຍຖາມວ່າ, ເຈົ້າມີສໍບໍ່ ? 코이 탐와 짜우 미소 보	khôj thǎam wāa, càw míı sɔ̌ɔ bɔ̌ɔ I asked if you had a pencil.
여기 있어요.	ມີ, ເຊີນ 미 선	míı, sə́ən I do. Here.
고맙습니다.	ຂອບໃຈ 콥짜이	khɔ̂ɔp cǎj Thank you.
천만에요.	ບໍ່ເປັນຫຍັງ 보뺀 냥	bɔ̄ɔ pěn ñǎŋ Never mind
그가 어디 간다고 말했습니까?	ລາວວ່າລາວຊິໄປໃສເກົາະ ? 라우 와 라우 시빠이 사이코	láaw wāa láaw sī pǎj sǎj kō He said he was going where ?
그는 타켓에 간다고 말했습니다.	ລາວບອກວ່າລາວຊິໄປທ່າແຂກ 라우 복 와 라오 시 빠이 타켓	láaw bɔ̂ɔk wāa láaw sī pǎj thāa-khɛ̂ɛk He said he was going to Tha Khek.
언제 그가 떠날까요?	ລາວຊິໄປມື້ໃດເກົາະ ? 라우시 빠이 므다이코	láaw sī pǎj mȳy dǎj kō When is it he's going ?

나는 잘 모릅니다. 아마 내일 떠날 겁니다.	ຂ້ອຍ ບໍ່ແນ່ໃຈ ບາງທີລາວຊິ ໄປ ມື້ອື່ນ 코이 보메 짜이 방티 라오 시 빠이 므은	khôj nɛ̄ɛ cǎj, bǎaŋ-thíı láaw sī pǎj mỳy-ȳyn I'm not sure, maybe he's going tomorrow

회화 15 셈하기

커피에 설탕을 탑니까?	ກາເຟເຈົ້າໃສ່ນ້ຳຕານບໍ່ ? 까페 짜우 사이 남딴 보	kǎafée càw, sāj nàmtǎan bɔ̌ɔ Do you take sugar in your coffee ?
예	ໃສ່ 사이	sāj Yes.
몇 숫갈이나 넣습니까?	ໃສ່ ຈັກ ບ່ວງ 사이짝 부앙	sāj cák būaŋ How many spoons ?
두 숫갈이요.	ໃສ່ ສອງ ບ່ວງ 사이 송 부앙	sāj sɔ̌ɔŋ būaŋ Two spoons.
그는 빵을 사기를 원한다.	ລາວຢາກຊື້ເຂົ້າຈີ່ 라우 약 스 카오찌	láaw jâak sỳy khâw-cīı He wants to buy bread.
그는 몇 덩어리나 사려고 하느냐?	ລາວຊິຊື້ຈັກກ້ອນ 라우 시스 짝 콘	láaw sī sỳy cák kɔ̀ɔn How many loaves does he want to buy ?
한 덩어리만	·ກ້ອນດຽວເທົ່ານັ້ນ 콘 댜우 타우 난	kɔ̀ɔn dǐaw thāw-nàn
그건 2,500 낍입니다.	ກ່ອນໜຶ່ງສອງພັນຫ້າຮ້ອຍກີບ 꼰 능 송 판 하호이 낍	kɔ̀ɔn nȳŋ, sɔ̌ɔŋ phán hâa hɔ̀ɔj kīıp It's 2500 Kip per loaf.
무얼 먹으렵니까?	ເຈົ້າຊິກິນຫຍັງ ? 짜우 시 낀 냥	càw sī kǐn ñǎŋ What would you like to eat ?
찬 맥주를 드십니까?	ມີເບຍເຢັນບໍ ? 미 비아 옌보	míı bǐa jěn bɔ̌ɔ Do you have cold beer ?
예, 몇 병이나?	ເຈົ້າ, ມີ, ເອົາຈັກແກ້ວ 짜우 미 아우짝 깨오	càw, míı, ǎw cák kɛ̀ɛw Yes, we do; how many bottles ?
큰 병 한 병	ເອົາແກ້ວໃຫຍ່ແກ້ວໜຶ່ງ 아우 깨오 냐이깨오 능	ǎw kɛ̀ɛw ñāj kɛ̀ɛw nȳŋ One large bottle

회화 16 담배와 약

담배 피우십니까?	ເຈົ້າສູບຢາບໍ ? 짜우 숩 이야 보	càw sûup jǎa bɔ̌ɔ Do you smoke ?
예. 그러나 조금합니다.	ສູບຢູ່ແຕ່ ສູບໜ້ອຍ 숩유 떼 숩 노이	sûup jūu tɛ̄ɛ sûup nɔ̂ɔj I do, but just a little.
하루에 몇 갑이나 피우십니까?	ເຈົ້າສູບມື້ໜຶ່ງຈັກຊອງ ? 짜우 숩 므능 짝송	càw sûup mỳy nȳŋ cák sɔ́ɔŋ How many packs a day do you smoke ?
하루에 두갑 피웁니다.	ຂ້ອຍສູບມື້ໜຶ່ງສອງກອກ 코이 숩 므능 송 콕	khɔ̂j sûup mỳy nyŋ sɔ́ɔŋ kɔ̂ɔk I smoke two cigarettes a day.
두통약이 있습니까?	ເຈົ້າມີຢາແກ້ເຈັບຫົວບໍ ? 짜우 미야 삐깨 짼 후아 보	càw míı jǎa kɛ̀ɛ cép hǔa bɔ̌ɔ Do you have headache medicine ?
예, 이 종류는 한 알에 500 낍입니다.	ເຈົ້າ 짜우, ແນວນີ້ເມັດ ໜຶ່ງ 네오 니이맷 능 ລາຄາຫ້າ ຮ້ອຍ ກີບ 라카아 하호이 낍	càw, nɛ́ɛw nìı, mēt nȳŋ láakháa, hâa hɔ̀ɔj kîıp Yes, this kind is 500 Kip per tablet.
이 종류가 가장 좋습니까?	ແນວນີ້ດີທີ່ສຸດ ບໍ ? 네오니디 '티슷 보	nɛ́ɛw nìı dǐı thīı-sút bɔ̌ɔ Is this kind the best ?
아니오. 가장 좋은 것은 더 비쌉니다.	ບໍ່ 보,, ແນວດີທີ່ ສຸດແພງ ກວານີ້ 네오 디 '티 슷 팽 꾸아 니	bɔ̌ɔ, nɛ́ɛw dǐı thīı-sút phɛ́ɛŋ kūa nìı No, the best is more expensive.

회화 17 친척

너를 포함해서 형제 자매가 몇이냐?	ເຈົ້າມີອ້າຍເອື້ອຍນ້ອງນຳກັນຈັກ ຄົນ? 짜우 미 아이 야이농 남깐 짝콘	càw míı àaj ȳaj nɔ̀ɔŋ nám-kǎn cák khón How many brothers and sisters do you have (including you) ?

나는 다섯 명이 있다.	ຂ້ອຍມີນຳກັນຫ້າຄົນ 코이 미 남깐 하콘	khôj míı nàm-kăn hâa khón I have five (including me).
당신의 아내도 형제 자매가 있느냐?	ເມຍເຈົ້າມີອ້າຍເອື້ອຍນ້ອງບໍ ? 미야 짜우미 아이 야이 농 보	mía càw míı àaj ỳaj nɔ̀ɔŋ bɔ̌ɔ Does your wife have brothers and sisters ?
그녀는 아무도 없다. 그녀는 외동딸이다.	ລາວບໍ່ມີ, 라우 보 미 ລາວເປັນລູກສາວດຽວ 라우 빤 룩ᵘ 사우 디오	láaw bɔ̄ɔ míı, láaw pĕn lùuk săaw dĭaw She doesn't have any; she is an only daughter.
아이들은 몇 살이냐?	ລູກເຈົ້າໄດ້ຈັກປີແລ້ວ ? 룩 짜우 다이짝 삐 러우	lùuk càw, dàj cák pĭı lɛ̀ɛw How old is your child ?
큰 아들은 7살이고 둘째는 5살이다. 딸은 3살이다.	ລູກຊາຍກົກໄດ້ເຈັດປີ 룩 사이 꼭 다이 쨋 삐 ຜູ້ທີສອງໄດ້ຫາປີ 푸우 티 송 다이 하 삐 ລູກສາວໄດສາມປີ 룩 사우 다이 삼 삐	lùuk sáaj kók dàj cét pĭı phûu thíı sɔ̌ɔŋ dàj hâa pĭı lùuk-săaw dàj săam pĭı The oldest son is seven. The second is five. The daughter is three.
부모님은 아직 살아 계시느냐?	ພໍ່ແມ່ເຈົ້າຍັງຢູ່ບໍ ? 포메 짜우냥ᵘ 유 보	phɔ̄ɔ mɛ̄ɛ càw ñáŋ jūu bɔ̌ɔ Are your parents still alive ?
나의 아버지는 살아계시고 어머니는 돌아가셨다.	ພໍ່ຂ້ອຍຍັງຢູ່ 포 코이 냥 ແຕ່ແມ່ຂ້ອຍເສຍແລ້ວ 때 메코이 시아레우	phɔ̄ɔ khôj ñáŋ jūu tɛ̄ɛ mɛ̄ɛ khôj sĭa lɛ̀ɛw My father is living but my mother has passed away.
아버지는 집에 계시느냐?	ພໍ່ເຈົ້າຍັງຢູ່ບ້ານບໍ ? 포 짜우 냥 유반 보	phɔ̄ɔ càw ñáŋ jūu bàan bɔ̌ɔ Is your father still at home ?
아니오. 그는 누나 집에 있어요.	ບໍ່, 봉 ເພິ່ນຢູ່ນຳເອື້ອຍຂ້ອຍ 펀 유남ᵘ 으아이 코이	bɔ̄ɔ, phə̄n jūu nám ỳaj khôj No, he stays with my older sister.

회화 18 부탁

<table>
<tr><td>나는 차가 없다.</td><td>ຂ້ອຍບໍ່ມີລົດ
코이 보미 랏</td><td>khôj bɔ̄ɔ míı lōt
I don't have a car.</td></tr>
<tr><td>그럼 내 것을 타라</td><td>ເອົາລົດຂ້ອຍກໍ່ໄດ້
아우 랏 코이 코 다이</td><td>ǎw lōt khôj kɔ̄ɔ dàj
Then take mine.</td></tr>
<tr><td>어느 것이 당신 거냐?</td><td>ຂອງເຈົ້າແມ່ນຄັນໃດ ?
콩 짜우 맨 칸 다이</td><td>khɔ̌ɔŋ càw mɛ̄ɛn khán daj
Which one is yours ?</td></tr>
<tr><td>내 것은 저기 검은색이다.</td><td>ແມ່ນຄັນສີດຳພຸ້ນ
맨 칸 시 담'푼</td><td>mɛ̄ɛn khán sǐı-dǎm phun
Mine is the black one over there.</td></tr>
<tr><td>누가 너의 형제냐?</td><td>ອ້າຍເຈົ້າແມ່ນຜູ້ໃດ ?
아이 짜우 맨 ʼ푸 다이</td><td>àaj càw mɛ̄ɛn phûu dǎj
Which one is your brother ?</td></tr>
<tr><td>문에 있는 키 큰 사람이다.</td><td>ລາວແມ່ນຄົນສູງໆ ຢືນຢູ່ປະຕູ
라우멘 칸ʼ숭숭 유유ʼ 파뚜</td><td>láaw mɛ̄ɛn khón sǔuŋ sǔuŋ jūu patǔu
He is the tall one at the door.</td></tr>
<tr><td>푸른 셔츠를 입은 사람 맞아요?</td><td>ຄົນນຸ່ງເສື້ອສີຟ້າແມ່ນບໍ?
꼰눙,ʼ스아시파 맨 보</td><td>khón nūŋ sŷa sǐı-fàa, mɛ̄ɛn bɔ̌ɔ
The one wearing a blue shirt, right ?</td></tr>
<tr><td>맞아요.</td><td>ແມ່ນແລ້ວ 맨 래우</td><td>mɛ̄ɛn lɛ̀ɛw
That's right.</td></tr>
<tr><td>나는 셔츠를 사려고 한다.</td><td>ຂ້ອຍຢາກຊື້ເສື້ອ
코이 빡 스 스아</td><td>khôj jâak sỳy sŷa
I want to buy a shirt.</td></tr>
<tr><td>어떤 색을 좋아하는가?</td><td>ເຈົ້າມັກສີໃດ ?
짜우 막 시 다이</td><td>càw māk sǐı dǎj
What color do you like ?</td></tr>
<tr><td>나는 줄무늬를 좋아한다.</td><td>ຂ້ອຍມັກສີລາຍ
코이 막 시 라이</td><td>khôj māk sǐı-láaj
I like stripes.</td></tr>
<tr><td>이것은 이쁘다.</td><td>ໂຕນີ້ກໍ່ງາມ
또 미꽁 암</td><td>tǒo nìı kɔ̄ɔ ŋáam
This one is pretty.</td></tr>
</table>

회화 19 의무

나는 공항에 가야 해.	ຂ້ອຍຕ້ອງໄປເດີ່ນບິນ 코이 똥빠이 던 빈	khôj tɔ̀ɔŋ păj də̄ən ñón I have to go to the airport.
왜?	ໄປເຮັດຫຍັງ ? 빠이 헷 냥	păj hēt ñăŋ What for ?
여동생 송별하러	ໄປສົ່ງເອື້ອຍຂ້ອຍ 빠이 송 으아이 코이	păj sōŋ yàj khôj To send off my sister.
비행기는 언제 뜨나?	ເຮືອບິນຂຶ້ນຈັກໂມງ ? 호아빈 큰 짝 몽	hýa-bĭn khŷn cák móoŋ What time does the plane depart ?
오후 1시 30분	ບ່າຍໂມງຊາວ 바이 몽사우	bāaj móoŋ sáaw One half PM
이 경우에 당신은 정오에 떠나야 합니다.	ຄັນຊັ້ນເຈົ້າຄວນຈະອອກ 깐 산, 짜우 꾸안 짜옥 ຈາກ ນີ້ ຕອນທຽງ 짝 니 똔 티앙	khán sàn, càw khúan cá ɔ̄ɔk câak nìı tɔ̌ɔn thīaŋ In that case, you should leave here at noon.
늦었어요. 조금 더 늦으면 비행기를 놓칠 거야	ເຈົ້າມາຊ້າແທ 짜우 마 사아 테 ຈັກໜອຍບໍ່ທັນຍົນ 짝 노이 보 탄 논	càw máa sàa thɛ̀ɛ, cák nɔ̂ɔj, bɔ̄ɔ thán ñón You're so late; a little later and you would have missed the plane.
어느 비행기가 우리 거냐?	ຍົນຂອງເຮົາແມ່ນລຳໃດ ? 논 콩 하우멘 람 다이	ñón khɔ̌ɔŋ háw mɛ̄ɛn lám dăj Which plane is ours ?
흰색과 푸른색이야.	ແມ່ນລຳສີຂາວ, ສີຟ້າ 맨 람 시 카오 시화	mɛ̄ɛn lám sĭı khăaw sĭı fàa It's the white and blue one.
비행기 타본 적이 있어요?	ເຈົ້າເຄີຍຂີ່ເຮືອບິນບໍ ? 짜우 커이 키 호아 빈 보	càw khéəj khīı hýa-bĭn bɔ̌ɔ Have you ever ridden on a plane ?
아니 전혀 한번도.	ບໍ່, ບໍ່ເຄີຍຈັກເທື່ອ 보, 보 키야 짝 티아	bɔ̄ɔ, bɔ̄ɔ khéəj cák thȳa No, never once.

회화 20 결혼

얼마나 더 있다 떠날래요?	ອີກດົນປານໃດເຈົ້າຊິໄດ້ຍ້າຍ ? 익 돈 빤 다이 짜우시 다이 냐이	îık dŏn păandaj càw sī dàj ñàaj How much longer before you move?
나는 아직 모릅니다.	ຂ້ອຍຍັງບໍ່ຮູ້ເທື່ອ 코이 냥 보 후 트아	khôj ñáŋ bɔ̄ɔ hùu thȳa I don't know yet.
언제 쯤 알겠는가?	ປານໃດຊິຮູ້ ? 빤 다이 시 후	păandăj sī hùu When will you know ?
나는 2 주 안에 알아야 한다.	ຄືຊິຮູ້ພາຍໃນສອງອາທິດ 크시 후 파이 나이 송 아 팃	khýy sī hùu pháaj náj sɔ̆ɔŋ ăathīt I should know within 2 weeks.
당신은 벌써 결혼했는가요?	ເຈົ້າມີຄອບຄົວແລ້ວຫຼືຍັງ ? 짜우 미 콥 쿠아 레우 르 냥	càw míı khɔ̀ɔpkhúa lɛ̀ɛw lȳy ñáŋ Are you married yet ?
아니, 아직.	ຍັງບໍ່ທັນມີເທື່ອ 냥 보, 탄미 트아	ñáŋ bɔ̄ɔ thán míı thȳa No, not yet.
언제 결혼 할 건가요?	ປານໃດເຈົ້າຊິແຕ່ງງານ ? 빤 다이 짜우 시 땡 난	păandăj càw sī tɛ̄ɛŋŋáan When will you get married ?
아마, 내년에.	ບາງທີປີໜ້າ 방 티 삐 나	băaŋ-thíı pĭı nâa Maybe next year.
동물을 길러 본 적이 있어요?	ເຈົ້າເຄີຍໄດ້ລ້ຽງສັດບໍ ? 짜우 커야 다이랑 삿 보	càw khə́əj dàj lìaŋ sát bɔ̆ɔ Have you ever raised animals ?
길러본 적이 있지만, 그만 두었어요.	ແຕ່ກ່ອນເຄີຍ, 때꼰 커이 ແຕ່ເຊົາແລ້ວ 때 사우 레우	tɛ̄ɛ kɔ̄ɔn khə́əj, tɛ̄ɛ sáw lɛ̀ɛw I used to, but I've stopped.
무얼 길러 본적이 있어요?	ເຈົ້າໄດ້ລ້ຽງຫຍັງແດ່ ? 짜우 다이 량 냥 데	càw dàj lìaŋ ñăŋ dɛ̄ɛ What all did you raise ?
나는 닭과 오리를 길렀어요.	ຂ້ອຍໄດ້ລ້ຽງໄກ່ແດ່, ເປັດແດ່ 코이 다이 량 까이 데 뻿 데	khôj dàj lìaŋ kāj dɛ̄ɛ pét dɛ̄ɛ I raised chickens and ducks.

회화 21 왜

나는 당신과 함께 점심을 먹으러 올 수 없다.	ມື້ສວາຍຂ້ອຍມາກິນເຂົ້ານຳເຈົ້າບໍໄດ 므아 스와이 코이 마 낀 카오 남 짜우 보 다이	mỳy sŭaj, khôj máa kĭn khâw nám càw bɔ̄ɔ dàj I can't come to have lunch with you.
왜 올수 없습니까?	ເປັນຫຍັງຈຶ່ງມາບໍ່ໄດ້ ? 뺀냥 쫑 마 보 다이	pĕn ñăŋ cȳŋ máa bɔ̄ɔ dàj Why can't you come ?
내 친구가 결혼하여 도우러 가야만 합니다.	ໝູ່ຂ້ອຍຊິເອົາເມຍ 무 코이 시, 아우미야 , ຂອຍຕອງໄປຊວຍວຽກລາວ 코이 똥 빠이 수아이 위악 라우	mūu khôj sī ăw mía, khôj tɔ̀ɔŋ păj sŭaj wìak láaw A friend is getting married, I have to go help out.
그는 왜 새 건물을 짓느냐?	ເປັນຫຍັງລາວຈຶ່ງປກເຮືອນໃໝ່ ? 뺀냥 라우 쫑 뿍 흐안 마이	pĕn ñăŋ láaw cȳŋ púk hýan māj Why is he building a new house ?
왜냐하면 사위가 이사하기 때문에 옛집은 너무 작다.	ເພາະວ່າລກເຂີຍຊິຍ້າຍໄປຢູ່ນຳ, 뽀 와 룩 커이빠이 유남 ຮືອນຫຼັງເກົານອຍໂພດ 흐안 랑 깐우 노이 풋	phɔ̄ wāa lùuk khə̌əj sī ñàaj păj jūu nám, hýan lăŋ kāw nɔ̀ɔj phòot Because his son-in-law is going to move in; the old house is too small.
왜 드시지 않습니까?	ເປັນຫຍັງເຈົ້າຈຶ່ງບໍ່ກິນເຂົ້າ ? 뺀냥 짜우 쫑 보 낀 커우	pĕn ñăŋ càw cȳŋ bɔ̄ɔ kĭn khâw Why aren't you eating ?
입맛이 별로 좋지 않습니다.	ຂ້ອຍບໍ່ສະບາຍ 코이 보 사바이	khôj bɔ̄ɔ sabăaj I don't feel well.
의사에게 가보았습니까?	ເຈົ້າໄດ້ໄປຫາໝໍບໍ ? 짜우 다이 빠이 하 모 보	càw dàj păj hăa mɔ̆ɔ bɔ̆ɔ Have you been to see a doctor ?
아직 안 갔어요.	ບໍ່, ຂ້ອຍຍັງບໍ່ໄດ້ໄປເທື່ອ 보 코이 냥 보 다이 빠이 트아	bɔ̄ɔ, khôj ñáŋ bɔ̂ɔ dàj păj thȳa아니, . No, I haven't gone yet.

[부록] 한-라오 간편 단어집

(ㄱ)
가까이 - 까이
가다 - 빠이
가르치다 - 손
가정 - 방
가족 - 컵 쿠아
가지 말라 - 야수
간직하다 - 와이
간호사 - 낭파냐방
감기 - 뻰 왓
강하다 세다 - 행
같다(같은) - 끄깐
거기 - 한
건다 - 냥
검은색 - 담
결국 - 똔람
결혼하다 - 낀동
경기하다 - 린
경유기름 - 남만 카수안
경찰 - 땀 루앗
계속하다 - 또
고맙다(감사하다) - 콥짜이
고양이 - 매우
공부 - 히안
공항 - 더년
과일 - 막마이
과자 - 카우 놈
관리자 - 푸짯깐
괜찮다 - 보뻰냥
국가 - 파텟
국물 - 갈란드 꽃
굽다 - 빙(삥), 빙까이(후라이드 치킨)
굽다 - 톰
그 후에 - 랑짝
그것 - 만
그냥, 단지 - 하아꼬
그때에 - 똔 난
그래서 - 당난
그러나 - 때
그러면 - 칸산, 너
그런가? - 맨보?
그렇다 - 맨 레우
그렇지 않으면 - 보 당난
그릇 - 밧
그리고 - 레

그리고 - 포디
그리고 나서 - 레오
그분 - 펀
그저께 - 무슨 니
금 - 캄
금요일 - 완숙
기계 - 크앙
기계기름 - 남만 크앙
기다리다 - 타아
기르다 - 량(養)
기름 - 남만
기억하다 - 쯔으
기차 - 롯화이
기차길 - 탕롯화이
길 - 타논, 탕
길다 - 나우
깨물다 - 깟
깨트리다 - 학
꼭 조이는 - 캅
꼭 해야 한다 - 쿠안
끝 - 라
끝내다 - 래우
끝으로 - 나이 티 숫

(ㄴ)
나(내) - 코이
나무 - 마이
나이 - 아이
나중에 보자. 경기하다. 연기하다
- 라콘 (헤어질 때 인사말)
날다 - 빈, 흐아 빙(비행기)
날씨 - 아칸
날짜(일자) - 므으
남동생 - 농사이
남자 - 푸사이, 사이
남자화장실 - 홍
남편 - 푸아
낮시간 - 깡왠
내 자신 - 코이 앵
내에 - 파이냐이
내일 - 므은
넓은 - 꾸앙
년(나이) - 삐
년, 해, 나이 - 삐
노래춤추다 - 람
노래하다 - 홍펭, 팽
노인 - 타우
논 - 나
농부 - 사우나
농사짓다 - 햇 하이
높은 - 숭
누구 - 파이
누구(어느) - 티
누나 - 으아이
뉴스 - 카우
늦게 - 사아.
늦은 밤 - 덕
늦잠자다 - 뜬 수와이, 녹짝

(ㄷ)

다른 - 따앙
다른 것 - 으은
다른 날 - 므나
다리 - 카아
다시 - 꼬, 익
다음 - 나
단맛 - 와안
닫다 - 앗
달, 월 - 드안
닭 - 까이
담배 - 야숩
담배피우다 - 숩 야
당신(너) - 짜우
대개 - 땀타마나
대략 - 빠만
대부분 - 크압, 수안라이
대사관 - 사탄 툿
대접 - 투아이
대하여(무엇~ 대하여) - 르앙
더 많이 - 익
덩어리 - 끈
도우다 - 수와이
도지사 - 짜우 캐앵
도착 - 카우, 홋
돈 - 은
돌아가다 - 랴오
돌아오다 - 므아
돌진하다 - 화우
동물 - 삿
동반하다 - 파
두통 - 쨉 후아
뒤집다 - 쿠암
뒷길 - 탕랑
듣다 - 다이 닌, 황
들판 - 하이
따라가다 - 땀
따라서 - 쯩, 포사난
딸 - 룩사우
때(시간) - 트아
때사우 - 새벽
똑똑한 - 갈란드 꽂
똑바로 - 스으 스스
똥깐 - 바라보다.
뚱뚱한 - 뚜이
뜨겁다 - 혼

(ㄹ)

라디오 - 위타뉴

(ㅁ)

마당 - 던
마을 도시 - 므앙
마중가다 - 합아우
마치다 - 러억
만들다, 하다 - 햇
많이 - 라이라이, 막
말하다 - 복(파사)
말하자면 - 와

맑다 - 미뎃
맛있는 - 셉
맞다 - 맨
매우 자주 - 르이르이
매우 적게 - 누와이 다우
매형 - 농커이
맵다 - 펩
머리 - 후아
머물다 - 팍
먹다 - 낀, 아우
먼저 - 꽁은
멀리 - 까아이
며느리 - 룩파이
몇 살 - 짝삐
몇 살입니까? - 작삐레우
모두 - 못, 탕못
모든 - 탕
모레 - 므흐
모으다 - 깹
모터 - 짝
목마르다 - 약남
목요일 - 완파핫
무섭다 - 냔
무엇 - 냥
문 - 빠뚜
묻는 말 - 보? 데?
물 - 남
물건 - 안, 콩
물소 - 쿠와이
물어보다 - 탐

미안 - 시아짜이
미안하다 - 코톳
밑에 - 럼

(ㅂ)

바나나 - 막꽈이
바란다(원한다) - 약
바람 - 롬
바람세다 - 미롬
바로 지금 - 므아 끼니
바로그때 - 포디
바지 - 송
바지 속옷 - 또
박살내다 - 땍
받다 - 합
밟다 - 텝
밤 - 랭
밤시간 - 깡큰
방 - 홍
방문하다 - 얌
밭 - 수안
배 - 흐아
배 - 람
배고프다 - 약카우
배멀미 - 마우 흐아
배부르다 - 임
버스 - 룻메
병원가다 - 카우 홍모
보내다 - 송, 확

보다 - 핸
보리삿 - 회사
볼펜 - 빅
부드러운 - 짠
부르다 - 언
부모 - 퍼메
부터 - 마떼
분 - 나티
불 - 화이
불에 타다 - 마이
비가 그치다 - 폰사우
비가 온다 - 폰 똑
비누 - 사부
비단 - 파 마이
비싼 - 펭
비행기 - 흐아빈, 욘
빌리다 - 염
빠른 - 와이
빵 - 카우찌

(ㅅ)

사과 - 막폼
사다 - 스으
사람 - 콘, 푸
사랑하다 - 학
사무실 - 홍깐
사위 - 룩커우
사장 - 후아나
사진관 - 한타이 흅
사진찍다 - 콩타이흅, 흅
산 - 푸, 푸시(4개의 산)
산보 - 냥린
살살 앞으로 - 사사
상점 - 한
새로운 - 신
새비단 - 신마이
새우 - 꿍
색 - 시이
　갈색 - 시남딴,
　검은색 - 시담,
　빨강색 - 시댕,
　줄무늬 - 시라이,
　하늘색 - 시화
샘 - 남푸
생각하다 - 큿
서다 - 인
선물 - 콩끄완
선생님 - 아짠, 쿠손
섭섭 - 킷훗
세우다 - 뿍
셔츠 - 스아
송별잔치 - 큰랑 송
수요일 - 완풋
순간에 - 짝 노이
숟가락 - 부앙
술취한 - 마우
쉬다 - 팍
쉽다 - 가이
스스로 - 앵

스포츠 - 끼라
승용차 - 칸
시간 - 몽(지금 몇시인가? - 짝몽 레오)
시간 - 베라(시간내에 - 탄배라)
시간동안 - 수아몽
시계 - 몽
시골 - 반녹
시그러운 - 솜
시다 - 솜
시도하다 - 시
시작하다 - 럼
시장 - 따랏
시험 - 씽
식당 - 한아한
신문 - 낭스핌
신분증 - 밧 빠짬 뚜아
신선한 - 신
신선한 돼지고기 - 신무
싼 - 특
쌀 - 카우
쌀 재배 - 햇나
쌀국수 - 퍼
쓰다 - 키약

(ㅇ)

아니라 ~ 다 - 냥보 트안
아들 - 룩사이
아래층 - 타랑꽁
아마 - 방티, 아짜
아이 - 노이, 덱노이
아직 - 냥
아침 - 싸우(짜오 朝)
아침밥 - 카우 사우
아프다 - 왓, 쨉, 캇
안경 - 왠따아
안내하다 - 화우
안에 - 나이, 두안
앉다 - 낭
알게 되다 - 라방
알다 - 후
알맞게 - 포디이
알약 - 맷
암소 - 우와
앞에 - 나아, 탕나
애를 낳다 - 옥룩
약 - 애
약간 - 누와이 능
약국 - 카이 야
약속지키다 - 미낫
약속하다 - 낫
약을 먹다 - 낀야
얇다 - 쪼이
양복점 - 따꾸앙
어느 것 - 다이
어느 정도 - 빤다이
어디서 - 마
어떤(무엇) - 다이
어렵다 - 냑

어린 동생 - 농
어제 - 무안 니, 큰니
어제밤 - 크누안니, 큰니
언제 - 므다이
언젠가 - 랑트아
얻다(가지다) - 다이
얼마나 - 짝
얼마입니까 - 타우다이
여권 - 팟사포
여기 - 피이
여기오기 전에 - 마니
여동생 - 농사우
여성처럼 되다 - 짜우수
여자 - 메닝
여자 - 사우
여행 - 낙통 티오
열다 - 카이
열병 - 카이
열병앓다 - 팽카이
열쇠 - 카째
옆에 - 카앙
예리한 - 콘
예약 - 쫑
예약하다 - 쫑비
오늘 저녁 - 므캄니
오늘밤 - 렝니
오다 - 때 마테
오래 - 돈
오렌지 - 막끼양
오르다 - 킨
오른쪽 - 크앙
오리 - 뼷
오토바이 - 롯짝
오후 - 바아이
옷 - 파
왜 - 뺀냥
외교관 - 나탄 툿
외국 - 따앙 파텟
외동 - 프다우
외할머니 - 맨뚜
왼쪽 - 르아, 사이
요일 - 완
우리 - 푸악코이
우유 - 놈
우체국 - 빠이사니
우편 - 메
운전 - 깝
운전면허증 - 바이캅 키
운전하다 - 깝
울다 - 하이
움직이다 - 냐이
원동기 - 짝
원하다(바라다) - 약
월요일 - 완짠
위에 - 탕
위장통 - 쨉통
위탁하다 - 화악
위하여 - 삼랍
윗층 - 탕흐안
유리병 - 깨우

은 - 으언
음식 - 아한
음식 장만하다 - 쿠아 낀
의무, 해야만 한다 - 똥
의사 - 모
의자 - 땅
이것 - 니
이발 - 땃폼
이발소 - 한땃폼
이쁘다 - 냠
이쁜 - 다이
이사하다 - 냐이흐안
이제 - 디아우니
이해하다 - 쿠아 짜이
인 것 같다 - 크으시
인력거 - 뚝뚝, 잠보
인쇄하다 - 핌
일(작업) - 깐, 비악
일어나다 - 떤
일요일 - 완아팃
일주일 - 능 아딧
일하다 - 햇비악
읽다 - 아안
입다 - 눙
있다 - 유
잊다 - 르음

(ㅈ)

자녀 - 아이농
자다 - 논
자동차 - 롯
자르다 - 땃
자손 - 룩
자전거 - 롯 팁
자주 - 르아이
자형 - 아이커이
작은 - 노이
잘 숙련된다 - 사앙
잘가요 - 라꼰
잠그다 - 사이카째
장기자랑 - 햇분
장모 - 맨타우
장소 - 본, 사이
장인 - 포 타우
재미있다 - 무안
저기 - 푼
저녁 - 룽
저녁 - 캄
저녁 밥 - 카우 랭
전에 - 떼꼰
전혀 - 보 커이
전화 - 토라삽
절 - 왓
절반(반) - 컹
젊은 - 눔
점심 - 카우 수와이
접시 - 누아이, 짠
정각 - 땅웨라
정말 - 이리, 테

정오 - 티앙
정지하다 - 사우
젖은 - 삐야
제발 - 데, 네
제수씨 - 농파이
조금 - 노이
조어원 - 파낙안
조언하다 - 네남
조이 - 찌야
좀더 - 익
종류 - 네오
좋다 - 디, 사바이
좋아 - 더
좋아요?(OK?) - 너
좋아하다 - 막
주(기간) - 아팃
주문하다 - 상
주선하다 - 짠
죽다 - 시아따이
지갑 - 깝바우 은
지난 - 레오니
지역장관 - 짜우 므앙
집을 짓다 - 뿌그호안
짧다 - 산
찌개 만들다 - 쿠아

(ㅊ)

차 - 사아
차거운 - 옌
차멀미 - 마우롯
착륙 - 롱
창문 - 뻥이얌
찾다 - 하아
채소 - 팍
채소심다 - 푹팍, 푹(재배하다)
책 - 후아
책상 - 또
처녀 - 푸사우
처음에는 - 똔 탐잇
천천히 - 코이코이, 사아사아
철도 - 탕롯화이
첫째 - 꼭
초청장 - 밧선
촌장 - 나이 반
총 - 쁜
총각 - 푸바우
총쏘다 - 닝쁜
축구 - 떼반
춤추다 - 폰람
충분하다 - 포(飽배부를 포)
치료하다 - 깨
치통 - 쩹 깨우
친구 - 무
친척 - 피농
친할머니 - 맨나
친할아버지 - 포푸
칠판 - 까단

(ㅋ)

카드 - 밧

카메라 - 콩타이

칼 - 밑

큰 - 나이

큰 3륜차 - 잠보

타다 - 끼, 끼이

타이프치다 - 띠핌

탁밧 - 탁발(스님께 공양을 바침)

태어나다 - 깻

텔레비전(TV) - 토라팝, 토라탓

토요일 - 완싸우, 와나칸

특별한 것 - 피셋

티켓 표 - 피

(ㅍ)

팔 - 캔

팔다 - 카이, 픔

페달밟다 - 팁

편지 - 쫏 마이

포장 - 송, 호오

피곤하다 - 므아이

피난민 - 꼰 노파놉

피난하다 - 욥 파뇹

(ㅎ)

하지마라

(야 아직 아니야) - 야 화우

학교 - 홍히안

학생 - 낙히안

할 수 없다 - 보다이 뻰

할 수 있다 - 까뻥

함께(옆에) - 깝, 남, 남깐

햇빛 - 데엣

행복 - 디짜이

헤엄치다 - 로이 남

형 - 아이

형수 - 아이파이

호텔 - 홍헴

혼자 - 디아우, 푸디요

확실히 - 네짜이

회사원 - 낙투라낏

훌륭한 - 칵

휘발유 - 남만앳상

휴일 - 므팍

(숫자)

0 - 순

1 - 능

2 - 송

3 - 삼

4 - 시

5 - 하

6 - 혹

7 - 셋

8 - 펫

9 - 까오

10 - 십
11 - 십엣
12 - 십송
20 - 싸우
21 - 싸우 엣
22 - 싸우 송
31 - 삼십 엣
41 - 시십 엣
100 - 호이
1,000 - 판
10,000 - 십판

참고문헌

곽구영, 2007, 「영상아카데미저널」, 제6권 제1호, pp. 123-145.

김병호, 2000(가), 「치앙마이」 상, 매일경제신문사, pp.227-274.

김병호, 2000(나), 「치앙마이」 하, 매일경제신문사, p.267.

외교통상부, 20011, 「라오스개황」.

장태구 · 박희대, 2008, 「아시아물류서비스:분석과 전망」, 대구대학교출판부.

정재완, 2005, 「라오스」, 대외경제연구원.

한국수출입은행통계, 2011.

ADB, 2010, *Key Indicators of Developing Asian and Pacific Countries.*

ADB, 2011, *Outlook South-South Economic Links.*

B. Su · C. Xaio, Charkraboty. R., Jin, L., 2000, Human Genetics Center, University of Texas Houston 690 Bertner Avenue, Houston TX 77030, USA "By using 19 Y chromosome biallectic markers and 3 Y chromosome microsatellite markers, ..." 9Y chromosome haplotypes reveal prehistorical migration to the Himalayas.

CIA, 2010, *World Fact Book.*

EIU, 2011, *Country Profile Laos 2010.*

IMF Statistics, 2010.

Martisoff J.A, "Sino-Tibetan Linguistics Present and Future Prospects". *Annual. Rev. Anthropol.* 20 : 469-504.

Ministry of Agriculture and Forestry, Lao PDR, 2005, *Forestry Strategy to the Year 2020 of the Lao PDR*, p.11.

Ministry of Education, Lao PDR, 2009, *Economic Relevance Study Report.*

Ministry of Industry and Commerce, 2008, *Strategy for the Development of Small and Medium Sized Enterprises until 2010.*

Ministry of Industry and Commerce, Lao PDR, 2010, *Small and Medium Enterprises in Lao PDR.*

Ministry of Planning-and Investment, Lao PDR, 2010, *Report of Economic Census*, Volume 1, National Statistics Centre.

Ministry of Planning-and Investment, Lao PDR, 2006, *Report of Economic Census*, Volume 1, National Statistics Centre.

Nicholas Minot, 1996, *SME in the Lao PDR: Resume of a National Survey*, Lao-German Small Enterprise Development Project, Ministry of Industry and Handicraft, Lao PDR.

Robert Cooper, 2008(a), *The Lao, Laos,* Lao Insight books.

Robert Cooper, 2008(b), *The Hmong,* Lao Insight books.

Thao Hung Thao Cheuang, 2000, *Epic: Application of Modern Verse(sic. Verse), Doungdeuane (Viravongs) Bounyavong Vientien,* Laos National Library.

The World Bank in Laos, *Issue,* No. 9, January-February 2009.

The World Bank Office, *Vientiane -May 2007*, Lao PDR Economic

Monitor.

The World Bank Office, *Vientiane -May 2008*, Lao PDR Economic Monitor.

The World Bank Office, *Vientiane -November 2008,* Lao PDR Economic Monitor.

Tourism Marketing and Promotion Department, *2010, Lao PDR. Tourism Guide Book.*

UNDP, 2004, *Service Delivery and Resettlement.*

World Factbook, 2005-2011.

http://www.seasite.niu.edu/lao/. Northern Illinois University.

http://www.baggyz.com/travel/tribe.htm#lahu.(치앙마이대학교) Tribal Research Institute.

· 저자소개

장태구: 대구대학교 경상대학장 겸 경제경영연구소장, 경제학과 교수
미국 Univ. of Utah 경제학박사

곽구영: 경산1대학교 병원의료행정과 교수, 주한 라오스문화원장
대구대학교 경제학박사

라오스의 문화와 경제

발행일 — 2012년 2월 28일
1판2쇄 — 2016년 7월 11일
지은이 — 장태구 · 곽구영
펴낸이 — 홍덕률
펴낸곳 — 대구대학교출판부
주소 — 경북 경산시 진량읍 대구대로 201
전화 — (053)850-5661~2
팩스 — (053)850-5669
찍은곳 — 동아문화사
등 록 — 경산 제11호

정가12,000원

ISBN 978-89-7794-580-7-93320